我的青春我的梦
全国中学生校园美文精品集萃丛书

梧桐更兼细雨，多少事，湿尽流光

# 青果散落莫悲伤

《中学生博览》杂志社 选编

时代文艺出版社

图书在版编目（CIP）数据

青果散落莫悲伤/《中学生博览》杂志社选编. —长春：时代文艺出版社，
2018.8（2023.6重印）
（"我的青春我的梦"全国中学生校园美文精品集萃丛书）
ISBN 978-7-5387-5681-4
Ⅰ.①青… Ⅱ.①中… Ⅲ.①作文-中学-选集 Ⅳ.①H194.5
中国版本图书馆CIP数据核字（2018）第000158号

出 品 人　陈　琛
产品总监　郭力家
责任编辑　王　峰
装帧设计　李　斌
排版制作　隋淑凤

本书著作权、版式和装帧设计受国际版权公约和中华人民共和国著作权法保护
本书所有文字、图片和示意图等专有使用权为时代文艺出版社所有
未事先获得时代文艺出版社许可
本书的任何部分不得以图表、电子、影印、缩拍、录音和其他任何手段
进行复制和转载，违者必究

## 青果散落莫悲伤

《中学生博览》杂志社　选编

出版发行 / 时代文艺出版社
地址 / 长春市福祉大路5788号　龙腾国际大厦A座15层　邮编 / 130118
总编办 / 0431-81629751　发行部 / 0431-81629758
官方微博 / weibo.com / tlapress
印刷 / 北京一鑫印务有限责任公司
开本 / 700mm×980mm　1 / 16　字数 / 153千字　印张 / 11
版次 / 2018年8月第1版　印次 / 2023年6月第5次印刷　定价 / 34.80元

图书如有印装错误　请寄回印厂调换

# 编委会

编委会主任：刘翠玲　夏野虹　高　亮

编　　　委：宁　波　孟广丽　张春艳

　　　　　　李鹏修　苗嘉琳　姜　晶

　　　　　　王　鑫　李冬娟　王守辉

# 目录

## 不怕留给时光遗忘

烟波蓝 ......... 晞　微 / 002

不怕留给时光遗忘 ......... 木各格 / 007

有你陪我一起走 ......... 沐子眠 / 010

风吹过的街道 ......... 程　萌 / 013

爷爷的江湖 ......... 哭泣的西瓜 / 018

那些年，我们都是为爱勇敢的女孩儿 ......... Sumind 鱼寻 / 021

父亲是个汉子 ......... 石　晶 / 023

爸爸在这儿 ......... 亦　然 / 025

## 棉花糖填满心间

第八日小札 ......... 半　城 / 030

师姐加油 ......... 流　憩 / 032

棉花糖填满心间 ......... 明　言 / 035

我是……那个……学长 ……… 季义锋 / 040

我亲爱的先生姑娘们 ……… 杜克拉草 / 043

特别的女孩儿 ……… 亚 邪 / 051

你在我的世界打了个转 ……… 骆 阳 / 055

你还好吗，奥特曼？ ……… 末黎柚子 / 059

## 你打江南走过

可耐趁火打劫记 ……… 杨小样 / 062

乔姑娘江湖行之西藏 ……… 赫 乔 / 069

等 ……… 莫小扬 / 075

只道此间年少 ……… 南 陌 / 084

理科女启示录 ……… 郑 娟 / 091

你打江南走过 ……… 刘雨婷 / 093

小样儿，那都不是爱 ……… 溟希晴 / 096

## 青春的河不会逆流

去看一场春暖花开 ……… 陌 忆 / 102

花海 ……… 暖 夏 / 110

After 17 ……… 洛几天 / 118

天堂花开 ……… 争 青 / 122

我跟天空说寂寞，星辰让我不孤单 ......... 成寂言 / 124
柯鹏希，就是个祸害 ......... 橘　子 / 129
青春的河不会逆流 ......... 小　鱼 / 131
绷住 ......... 乔　叶 / 134
浅靛的海洋绿 ......... 王冰燕 / 136
超市优惠正当时 ......... 翁翁不倒 / 140

## 青果散落莫悲伤

猥琐君偷拍记 ......... 花　拾 / 144
纯风景，上学记 ......... 橘　子 / 147
青果散落莫悲伤 ......... 晞　微 / 150
重口青年欢乐多 ......... 菌小纸 / 153
年少时候的，我们可以拥有爱情吗 ......... 阮　瓷 / 157
一颗针尖上的心 ......... 李茂霖 / 159
云中谁寄锦书来 ......... 邵猫猫 / 161
永不，永不，说再见 ......... 王佳月 / 164
月读情怀 ......... 李亚男 / 167

## 不怕留给时光遗忘

  我一直觉得我是一个幸运的人,在每一个时间段,不同的地方,总能遇到那么一些人,教会我一些东西,在付出与接受间给予欢笑和感动,化成一段段割舍不掉的回忆,不怕留给时光遗忘。

# 烟 波 蓝

晞 微

## 1

阿柳九岁的时候，阿柳的妈妈来征询她的意见，想给她报个兴趣班。阿柳意犹未尽地舔了舔手指上残留的冰淇淋，香草的味道环绕齿间，她仰起头问："有能让人变得很厉害很厉害、能打败坏人的那种吗？"

"有啊！"阿柳妈妈兴冲冲地给她报了跆拳道。

于是阿柳每天很积极地去上课，想着要和电视剧里的女英雄一样惩恶扬善，练出一身好功夫，也练出了健壮的体形。

"健壮"二字涵盖了很多，首先，阿柳因为遗传和营养，再加上经常锻炼，个子"咻咻"地蹿到了一米七；其次是阿柳的小肌肉虽不及电视里运动员那么明显，但还是很结实的，于是阿柳习惯了夏天穿长袖，遮住手臂。有一回阿柳因为一个演出，穿了短袖，当天便收获了无数男生女生敬畏的目光。用阿柳的闺蜜郝思嘉的话来说，就是"一个汉子的身子，一张姑娘的脸"。

阿柳的班是文科班，男少女多，阿柳的个子算高的了，在这样的环境里，阿柳就被当男生来使唤，擦黑板擦窗户样样不落。

可就是这样一个说话直来直去、看上去跟男生一样身板的阿柳，也在一天开了窍了。

## 2

阿柳记得那天是六月十五号，阿柳由于做值日，比平时早很多到校，她想一个人在教室里自习。

学校里很安静，有一丝渺渺的音乐掺杂在其中。阿柳一边吸着豆浆，一边辨认着歌曲。是阿柳喜欢的无忧无虑国女子流行演唱组合，阿柳最喜欢组合里的宋茜。经过社团的舞蹈室时，阿柳停住了脚步，有男生在里面跳舞，跳的正是她喜欢的韩国那女子组合的舞的《electric shock》，女生跳的舞在男生跳的情况下有另一种味道。

天哪，好妖娆的感觉。阿柳张着嘴，惊为天人地在心里感叹。

阿柳的记性一直很好，所以在以后的每个日子里，阿柳都能轻而易举地记起那天早上，男生留着齐眉的刘海儿，单薄的衣衫，瘦瘦高高，有细小的灰尘微微在阳光中扬起，让阿柳看得呆呆的。

阿柳压抑着自己胸腔里缠绕成团的欢喜，在下午放学回家时弱弱地告诉郝思嘉："诶，我……好像喜欢上一个男生了……"

郝思嘉把视线从手机上收回来："谁？什么情况？"

于是阿柳就把事情的经过向郝思嘉说了一遍，郝思嘉的眼睛瞪得更大了："你的意思是，你喜欢上了一个只有一面之缘，而且还是你单方面的，还有点儿娘的男生？"

"唔……"

"也挺合适。一个不怎么像男的一个不怎么像女的，女爷们儿和男姑娘，哈哈……"

"郝思嘉！"阿柳脸红了。

虽然不正经地说了一段话，但郝思嘉还是在阿柳睡前发了信息过来："加油啦！"

阿柳笑笑，趴床上睡着了。

阿柳第二天照样起了大早，跑去看昨天那个男生跳舞，休息时男生一侧头看见了她，惊讶的神情略过，他对阿柳腼腆地笑笑："你好。"

"你好，我叫柳衣，因为觉得你舞跳得很好所以来看，你不介意吧？"阿柳假装淡定。

"谢谢，不介意啦。我叫徐司，你的那个'衣'是'杨柳依依'的'依'吗？"

"本来是的，但是登记户口的那个叔叔打错了字……"

"这样啊……"

终于有了交集。

## 3

不到一周的时间，阿柳就知晓了徐司的状况。徐司，男，比自己小一个年级，成绩不好也不坏，一米七八，喜欢的颜色——根据徐司的原话是"天空放晴的那种蓝色"，而阿柳喜欢的是海水那种蓝色。不过阿柳不觉得二者区别多大，都属于"蓝色"。徐司女生缘很好，三个年级都通吃，刚和女朋友闹了分手。

阿柳在心里拨着小算盘：对手很多啊，机会挺好啊，要不趁徐司和女朋友分手近水楼台先得月？

阿柳喜欢徐司喊自己"阿柳"，舌头微微卷起发出的音节温和而迷人。他有什么事就找徐司分享，阿柳的生活变得鲜活。

阿柳在一天早上给徐司念喜欢的诗，她不知道自己有个习惯，每读到喜欢的句子都会轻轻地一挑眉毛，还是在徐司的提醒下才发现的。

一月你还没有出现

二月你睡在隔壁

三月下起了大雨

四月里遍地蔷薇

　　五月我们面对面坐着……

　　阿柳在念完后，徐司学着她的样子："八月，就是八月，我守口如瓶。"言毕挑了挑眉毛。

　　"喂！"阿柳哭笑不得。

　　但阿柳在八月并没有守口如瓶。八月十六号，阿柳向徐司表白了，徐司听完后很诧异地"啊"了一声。

　　阿柳索性抛下矜持的态度，把所有的勇气提起来："我知道或许很唐突，我也不如很多人，她们的很多长处我都没有，但我会努力。所以，能不能……和我在一起试试？"

　　男生皱皱眉："抱歉，我已经和她和好了呀。"语气里满是歉意。

　　"没关系。那，以后，还可以继续做好朋友吗？"

　　"当然可以。"

　　可……表白失败后，说可以继续做朋友，但，还是会有隔阂的吧？

## 4

　　阿柳不管什么隔阂，每天还是厚着脸皮去找徐司，送牛奶送笔记，在对方心情不好的时候发满溢关怀的信息给他。

　　谣言漫天铺地，在一次阿柳给徐司送牛奶的时候，旁边两个女生瞟了她一眼，冷哼一声："女追男，倒贴真不要脸。"

　　"喜欢别人的男朋友，真是……"

　　阿柳看到徐司的眉毛皱成了结。

　　流言有一千分贝。可是，在喜欢的人面前，谁还要脸啊！

## 5

阿柳回家后盯着天花板发呆,她想要像电视剧里的女生一样,痛痛快快地哭一场,但哭不出来。她别过头,觉得很压抑。

后来,阿柳就抽离了徐司的生活,再后来,她就毕业了,去了外地的大学。

在阿柳一度虚弱地认为再也不会有第二个徐司一样的人时,她的良人终于姗姗来迟。

寒假时,阿柳回家,也回了趟母校,却得知徐司已经退学的消息。阿柳有些释然,虽然已经有了一个足够好的人,但她知道,徐司会在她脑海中存在很久,可无论铭记多久,她也不会再有见他一面的冲动了。

徐司有没有喜欢过自己呢?应该有的吧。不过,他对自己的喜欢是百分之四十九,对他女朋友的喜欢是百分之五十一,总是多那么一点儿吧?

徐司不知道的是,阿柳更喜欢那首诗的另一句:

九月和十月

是两只眼睛

装满了大海

你在海上

我在海下

就像阿柳不知道,自己一直喜欢的大海蓝,有个更美丽的名字,叫"烟波蓝",寓意是少女美好的初恋。

# 不怕留给时光遗忘

木各格

## 1

周二放学从学生自习教室前路过正好看到隔壁班一女生躲在里面哭得凄凄惨惨梨花带雨时,我原本准备开门的手立马停住了:进去吧,好像偷窥到了别人的隐私,不太好啊;不进去吧,我包什么的都在里面,总不能等她哭完走人了我再去拿,没个时间保障啊。

格子,还不回家,不会是没带伞吧?正当我蹲墙角纠结呢,Crabbe叨着块巧克力出现在我面前。

我像是那么好吃懒做的人吗?我抬头鄙视地看着他,简略说明了当前的情况。

那个好像是Amy啊,你怎么不进去安慰她,顺便把包带走?Crabbe压低声音问道,听着像是被人掐住了脖子。

撞见别人脆弱的一面不太好吧,大家都会尴尬的,而且我实在不懂得安慰人。你认识她?我开始用爪子在墙上画圈圈,顺便白了他一眼,你就不能正常点说话?!

有印象,你们不是两个班合起来上过我的课嘛。Crabbe完全忽视我的不满,有时候一个人哭是很无助的啊,大多会希望有人在一旁拍拍肩膀给个拥抱说声会没事的吧。我们进去看看是怎么回事吧。说完也不问我同不同意，径自开门走了进去。

那女生见到我们明显有些诧异和不知所措，然后Crabbe非常自来熟地跟她聊了起来，我只能硬着头皮坐在一旁给她递纸巾，尽量让自己看起来不至于太过尴尬。

很快我就知道这姑娘暗自垂泪的原因了：考试成绩跟班里一些同学比起来差太多，想到多次如此，不由得悲从心来。

虽然我向来只专注于自己设定的目标，而不通过与别人比较来让自己过不去，但我完全能理解这姑娘的想法。

于是一番安慰后，某英国大叔极其认真地说道，Don't worry if your classmates or friends get higher scores than you. Each one has his or her strengths and weaknesses, just like you. Everyone has their own study goals. Just focus on your own needs and don't compare yourself to others.

正当我在心里感慨真是英雄所见略同时，Crabbe突然在那姑娘看不到的角度示意我给她个拥抱。虽然有些不明所以，我还是很大方地把我的肩膀借了出去。

后来问Crabbe，他的解释是，他已经结婚了，她也不是小孩子了，所以还是我来比较适合。

所以他一开始就打定主意了是吧？！还好意思说是为了让我进去拿包。

啊，被发现了。

## 2

某天下午赖在教室做作业时，Crabbe突然噌噌噌凑了上来，特哥俩好地问我："哈利·波特最后一部后天上映，一定会去看吧？"

"嗯。"我头也不抬地应了一声，觉得这家伙净问些废话，班里谁不知道我从两周前就开始倒计时了，以分钟为单位。

"哎呀，真巧，我也准备陪我太太去看。"

"所以？"我停笔，开始纠结什么时候才能完成Enrico留下的作业。"你的反应太夸张了，真应该跟我们一起去听听Marcel的戏剧课。"

"可是你知道我还没看过书，电影也没看全，所以我就很奇怪为什么是哈利，你给我个解释吧。"

"没看我正忙着嘛，自己看书。"

"那不行，我要留着以后给我的孩子讲故事时再看。"Crabbe说得那叫一个理直气壮啊，以致我忍不住抬头瞟了他一眼，有你这样为自己的懒惰找借口的吗？

"要不这样吧，如果你给我个令人满意的书面解释，就可以不用写我那篇小论文。"Crabbe随手翻了翻我桌上的书，终于下定决心似的说道。于是我当场石化了三秒，这难道就是传说中的以权谋私？

"你确定？"我半信半疑地问。好吧，我动心了，这可比写论文容易太多了。

"百分百！"

于是一场懒人间"不可告人"的交易达成了，Crabbe留下句"那就拜托你了"的嘱咐，笑得贼灿烂地飘出教室。而我则继续奋笔疾书。

只是，当两个小时后我收拾课桌准备回家却看到夹在书里的那三张写满字的作业纸时，顿时有种五雷轰顶的感觉：Crabbe那个混球，一定是刚才翻书时看到了它们所以才会提出那个条件，我怎么忘了我上星期就已经写好了啊！


我一直觉得我是一个幸运的人，在每一个时间段，不同的地方，总能遇到那么一些人，教会我一些东西，在付出与接受间给予欢笑和感动，化成一段段割舍不掉的回忆，不怕留给时光遗忘。

## 有你陪我一起走

沐子眠

你是个外表文静的姑娘，皮肤白白的有点儿像瓷娃娃，这是我对你最初的印象。

真正开始熟悉起来是在我们成为前后桌的时候。上课期间，我常常在老师从讲台上走下来的时候用笔尾轻轻戳你的后背小声问道："老师讲到第几页了？"你每次转过身来都习惯性地用手推一下架在鼻梁上的眼镜，然后告诉我。你的声音软软糯糯，特别好听。

后来就慢慢开始了解你，喜欢许嵩，喜欢鲁迅，喜欢每一次走在路上都戴着耳麦听音乐。

一起去教室、一起回寝室、一起去吃饭、一起散步、一起八卦、一起去图书馆看书，这是学生时代大部分女生的友谊吧。

后来越熟悉越觉得我们俩的性格太相像。遇到不公平的时候都情愿自己受委屈也不想去指责别人，从来不会主动为自己争取些什么，可以很长很长时间不说一句话，喜欢很多漂亮本子喜欢摘抄各种漂亮句子，喜欢简单明快风格的所有小物件。和你在一起看书的时候，宿舍里的女生们就喜欢指着我们："你们这两个文艺青年。"我们相视而笑，这种感觉很美好。

生日那天午夜十二点，我窝在被子里为自己守岁，没有告诉身边任何一个人，包括你。然而十二点一到，手机短信和空间留言一条接一条向我轰炸过来，我才知道宿舍里的姑娘们也都静默地为我守岁到凌晨，内心里的暖意肆意蔓延，说不感动是假的。你从你的床铺上爬起来，感觉你朝我递过来什么东西，晚上宿舍熄灯了所以我只好用手机屏幕的微光对着你，你手中拿着一本书，封面上"小王子"三个烫金大字映入我的眼帘。《小王子》这本书我在你面前提过很多次，学校图书馆里找不到，在市里书店看到的又全部都是注音版。你知道我的强迫症太厉害，不喜欢看注音版的书。你在我接过书的时候轻声对我说了句"生日快乐"，马上又告诉我说，"这本不是注音版的哟，我几乎跑遍了市里的每家书店好不容易才找到这么一本呢。"我躺回被窝的时候，眼睛里开始涨潮。

有一次中午我借你的笔记本抄笔记，随手翻开的时候，里面掉出来对折好的几张纸，一不小心就看到里面写了我的名字。好奇心会杀死猫，于是我鬼使神差地把那几页纸展开偷偷地看了起来。你把我所有的优点都写在上面，写我们经历过的种种有趣的事和我们平淡无奇的小生活，还有我说过的连我自己都没有印象了的话。看完我像个小偷一样努力把那几张纸恢复原貌然后夹进笔记本里，等你回到教室的时候装作若无其事地还给了你。我不敢告诉你我偷看了你写的东西，所以我也不敢表达当时我有多感动。

在这件事情过去很久之后我终于向你说出了实情，我说其实我看了你夹在笔记本里的东西，你说："小骗子，你知道吗刚开始我的直觉就告诉我你肯定看到了，但是你把笔记本还回来的时候一脸云淡风轻，我就被你装出来的光明正大给骗了！"说完就一脸嫌弃我的表情。我说："我错了还不行吗？"

有个周末我带你来我家里玩，带你去吃非常有特色的麻辣烫和烧烤，带你去我小姨家和我们一起包饺子，还突发奇想给彼此取外号。那天下午你用我的电脑登录了QQ，然后直到你走了都没有下线。晚上我发表了一个状态，然后你的QQ图标马上就弹出了消息提醒的小窗口：QQ空间特别关心，黄梦瑶发表了说说。我偷偷地笑了。

胡淑啊，我现在一遇到什么新鲜事情就想要说给你听，我不管跟你说了什么你都会马上回应。分享彼此所有的开心或者难过，我们要一直都像这样走下去，走到很远很远的以后。就这么愉快地决定了。

# 风吹过的街道

程 萌

1

你夹着课本在午后空旷的街道上走得风风火火，十月的天气微暖，风掠过树梢，却掠不走你的焦躁。你要走到街尽头的一幢白色房子里，给那家十岁的读小学五年级的男孩儿补数学。十岁大的男孩正处在最淘气的年龄，想想他的恶作剧，你不禁再度头皮发麻。

一阵清脆的车铃声打断了你的思绪，迎面驶过的单车上是曾经与你牵过手的少年，单车后座上取代了你的是一个个性张扬的短发少女，化着精致的彩妆，你甚至都猜不出她的年龄。他们兴奋地聊着什么，少年与你对上眼睛的那一瞬间，他的表情明显僵硬了一下。

下午给男孩儿上课，你不再受他的恶作剧影响，哪怕那条玩具蛇再三被他扔到你肩上，你也是极淡定地将它拿下放在桌上，向男孩儿小声地责备："别闹！"心思细腻的你仍在回味少年僵硬的笑容。

两个小时的授课后，你再次沿那条街走回家，三四点钟的林荫小道很冷清，只有风吹树叶的声音，阳光透过逐渐稀疏的枝叶，在你脚下斑驳。你踩着微卷的枯叶，心绪游离得很远。一小块梧桐树叶片经不住风的诱惑亲吻了你的长发，你猛然回头，像在找一位老友。你甚至跑回街道的尽头，开始数着梧桐的棵数。数到第四十一棵时，你停下脚步，你看到树干上有一行并不清晰的字，你抚摸它们，即使看不清，但你知道，那里刻着"陈翔永远爱颜妍"，你是颜妍。

## 2

傍晚，你将给男孩儿补课得来的四十块钱交给刚收了水果摊的妈妈，她欣慰地抚摸你的脸颊："妍妍长大了。"沉默许久后又缓缓开了口："妍妍，你看能不能再辅导一家？不远，和之前那家一个小区的，他妈妈常常在我摊上买水果，知道你文章老发表就想让你给她孩子也补补课。"你没说话，在想她给你的那个抚摸，手上的茧硌得你生疼！她见你沉默，忙解释："我随便说说，不去，不去，咱们也不差那几十块钱。"你牵了一下嘴角："为什么不去？反正不远。"她看着你，满眼歉意的笑。

你按妈妈给的地址找到那户人家，又见到你曾经的少年，他一袭黑色风衣，推着单车冲等在路旁的少女招手，看见你后，收敛了笑，埋头走了。你突然觉得委屈得想哭。

你按了门铃，女主人猜出你是"小老师"，抱歉地请你进屋："不好意思啊，臭小子刚刚溜出去了，你再等等？"你勉强答应，想到还没来得及复习的课程，有些上火。你去书房看那人的作文时发现了那张照片，女主人递过作文本说："哦，这就是我儿子。"你觉得失了礼，忙接过作文本，心中怦然。那作文本上赫然写着"陈翔"。

你没等到少年回来，因为下午六点之前你还得赶回学校上自习课。其实你可以再等一个小时的，但你突然胆怯了，害怕见到少年了。

你在秋风中跑得像一头受惊的小鹿，在第四十一棵梧桐树旁猛地停下，但没有靠近，揉了下干涩的眼睛，又飞一般地跑开，你怕在这儿再次遇见少年，还有他的女朋友。

## 3

我问你，为什么是第四十一棵梧桐呢？你趴在桌上写写画画："因为我的生日是四月初一啊，笨笨的他分不清阳历和阴历，非说我是愚人节出生的小傻瓜。是啊，我真傻，第二个和他一起度过的愚人'生日'那天，我没接受他的惊喜，反而给了他一惊悲。"

你说离题了，但我没打断你，而是听你说："我骗他从来没有喜欢过他，一直都在利用他忘记一个深爱的人，现在他失去利用价值了。其实，我只是不想让他为我荒废学业，他上课总是分神地看我……"

我安静地听你说这些小心情，无可奈何地苦笑。

你说着说着就哭了，泪水打湿了我的脸颊，咸咸的，涩涩的。我是你的日记本，听了你这么多年的心事了。

其实我比你更清楚你曾是多么喜欢少年。他干净的眉眼，灿烂的笑颜，脾气好到让你舍不得向他发火。可并非所有男生都理性，所有女生都感性，你们俩便是另类。你的成绩更优秀了，可少年却退步了。你傻傻地以为放弃能拯救他的前程，可你放弃了他，那个喜欢你的少年便也放弃了自己，堕落了。

你辗转了一夜，思量着下次的接触。

## 4

周末，你敲响了门，开门的少年如你了解要补习的人是他时一样惊愕，他说："怎么是你？！"你得体淡笑算是回答。你给他讲解素材的重要性时，他盯得你心里发毛。你低头将大纲递给他，他戏谑地眨眨眼："不会又是骗我的吧，让我得不到分？"你伸过去的手抖了一下。

他放荡不羁地将课本推到一边："你不用讲了，我约了人，钱我会给你的。"你忘了矜持："约的谁？"他狡黠一笑："女朋友咯！"你意识到说错了话，连忙解释："你学不好我拿不到奖金的！"其实就算他的作文是满分，也没奖金。他无奈地撇撇嘴，趴在桌上任你讲，再不说一句话。

你在悲喜中煎熬了一个小时，飞似的离开，奔向下一家。小男孩儿期中考试刚结束，数学有很大的提升，叔叔阿姨请你吃水果，你想起了你那抛妻弃子的爸爸和辛劳养家的妈妈，有点儿羡慕、有点儿嫉妒。

四点多钟，你走在温暖的街道上，看那排梧桐换新衣。你的少年骑着单车载着他的女朋友满脸兴奋地划过你身边，向你勾出一个讽刺的笑。

你对我说："当初他说'我喜欢长发飘飘的你！'可现在他的女朋友怎么可以不是长发呢？"唉，亲爱的，其实我多想告诉你，你的少年强调的是长发的主人，而不是孤独的长发呢。可我说不了，我只是你的日记本，仅此而已。

## 5

你是鼓了多大的勇气才决定为了爱，为了自己，也为了你曾经的少年放手一搏啊！我被夹在作文素材复印件里肩负着你的希望去挽留住你保存至今的小爱恋。

我无法告诉你，哪怕他曾是你的少年，如果他再接受了你的解释，放开他现在的女孩儿，总有一天他也会这样对你。你现在的行为，也是要被定义为那个很潮的词——"小三"。

庆幸，我们的少年是美好的。

当我再次回到你手中，你接过的那一刹就输了。因为我是由那个短发少女递给你的，她说："嗨，你是颜妍吗？给你的笔记。"你的少年再不是你的了。

你跟妈妈说："我复习功课的时间不怎么够用了。"于是在一个周末，你断结了与少年的一切联系。你抱着我说："嗨，亲爱的，对不起！"然后在第四十一棵梧桐树旁将了解你这些年来所有秘密的我埋下。

嗨，亲爱的，对不起！

原谅我不是一个合格的信使，我无法告诉你，我们的少年，在我的最后一页为你写下一页冗长的信，可你接过我，过后却并没有翻开。

他说："颜妍，我就知道你是个放羊的小孩子，那天是4月1日愚人节呢！我怎么就被你愚到了呢？"

他说："颜妍，你那么幼稚，哪会用心机利用人呢？我十三岁就喜欢上了你，怎么会不知道你是否有喜欢的人啊！"

他说："颜妍，你是不是以为我的小阿姨是我女朋友啊？看你注视她时那么酸涩，真的很想去笑话你，她其实是我妈妈的小表妹啦！"

他说："颜妍，我当初真的很恨你呢！可看到你清澈的眼眸后，就再恨不起来了。"

他说："颜妍，我好好学习，我们重新在一起吧？"

他说："……"

嗨，亲爱的，现在的我每天倚在第四十一棵梧桐树旁想象着你和我们的少年每周上演擦肩错过，真的好心疼呢！听梧桐说少年心酸地望着你的背影；听梧桐说你在少年转身时难过地回眸；听梧桐说你们携手刻字时的喜悦；听梧桐说少年和你都曾在这里许下不离不弃的誓言，我哭了。

它说，明年的这个时候，它再也不能替我们保留那行字了，因为它又得换新衣了。

亲爱的，你听，风吹过的街道，像不像很久以前你坐在少年单车后座上听到的自己的心跳？

嗨，我错过的，错过我的少年们，请记住那些小美好！

# 爷爷的江湖

## 哭泣的西瓜

"江湖"一词一直是带领一些人短暂逃避现实生活赋予在类型小说或者电影里面的抽象概念。虽说是有人的地方就会有江湖，但是着实很多人身在江湖中却没有见过真正的江湖。

江湖美丽得像幅画，在月圆之夜的紫禁之巅身着一袭白衣孤傲地挥舞着一柄长剑，像风一样潇洒，那是西门吹雪的江湖；江湖无奈得像把沙，在小石桥边眼睁睁看着被自己误杀的阿朱，仰天长哭，血手书写墓碑久久不愿将黄土盖上，那是萧峰的江湖；江湖不拘得像匹马，骗乞丐的酒喝急哭了乞丐，觉得乞丐是个好酒的君子于是请其上了街旁酒楼，二人喝得倒地大醉，那是令狐冲的江湖。

江湖包裹了太多的词汇，两肋插刀、儿女情长、豪气冲天、金盆洗手、身不由己、尔虞我诈……总之这绝对是个险峻的人生旅途。

我所叙述的东西不是什么好莱坞大片，只是一部仅我个人所了解的小成本并且不具代表性的微电影，但对于我来说却是原汁原味的土特产般的记忆。我的目的只是告诉我自己，江湖在每个人的心里。

根据科学的地缘政治学说，人的性格受其生活环境和生活习惯的影响巨大。重庆地区地处于四川东部，多山多丘陵，有大江流过所以码头也多。比起川西平原的富裕，川东人则贫困许多，于是穷山恶水多刁民。

山多，苦力多。码头多，船工多。所以川东地区，特别推崇袍哥文化（袍哥会发源于晚清，盛行于民国，与青帮、洪门是并肩的三大帮会）和码头文化。这些文化的基调，就是江湖气———重义气，轻原则。典型的对人不对事儿。没办法，在自然地理条件恶劣的环境，要想吃饭必须抱团协作，不讲人情不讲义气很难立足。

我爷爷当年就是靠码头吃饭的船工。在川东较大的一个社团"木船社"的分会"锅铲帮"（跟"斧头帮"一样，名字比较土没什么文化，是那个年代特定的属性使然），整个帮会大约有三百多人，除了最后一个叫弟，其余都是哥，爷爷排名大概八十多位。帮会人多，很多人互相不认识，很多时候办事、处理问题、谋面、区分地位、区分别的帮派都要靠特殊的语言和手势。

那时候我爷爷自己有小船，通常会装上本地的特产和别人托运的货物（有时候有少量烟土和武器）运往长江下游武汉一带贩卖。他很有生意头脑，他的做法就是把船和货物捆绑销售，整体卖，只做单程不做回程。因为那个时候的小木船要从长江下游返回上游几乎都是靠纤夫的人力拖，而长江三峡一带非常险峻，很多时候都是船毁人亡。

一船货能值多少钱呢？就是一麻袋等价的"袁大头"。不同于今天的贸易，没有支票、没有密码箱也无法转账，那时候纸币很少，而且江湖人也不信任纸币。于是爷爷和他的同袍就扛着一麻袋或者几麻袋"袁大头"行走江湖。行走江湖很多事情需要打点，比如地方军阀、当地的帮会、本帮会在当地的分会等。最后回到家已所剩无几，交给家人一些钱，交给帮会一些钱，再用剩下的钱买好下次出行的船只。

所谓富贵险中求，靠着爷爷的勤劳和冒险，直到新中国成立前一马路菜市场后门到通用机械厂宿舍（约两百米的距离，均为欧式木板夹层房）那些房子都是爷爷的。遗憾的是后来被一个租户老太婆吸烟引起大火，全烧毁了。不然的话，今天我有可能是个小富三代。

以上这些都是从奶奶、爸爸还有姑姑、叔叔口中零零碎碎听到的，当然他们无法近距离得知爷爷那辈人在江湖中刀光剑影、义薄云天的具体情形，我只能从一些支离破碎的细节里略知一二。

首先就是只要家里有人作客或者有江湖中的兄弟落难来家里，必须把家里最值钱的酒和肉拿来招待，特别是对于江湖落难的兄弟，在送人走的时候，还要把家里的钱和物奉上，有多少给多少，哪怕自己第二天要去借。大火后，家里已经没有钱了，有次爷爷就让奶奶把家里仅有的留着过年的两块腊肉割下来送给客人，人送走后爷爷觉得特别对不住兄弟，看到家里还剩了半袋子米，硬是扛着米追了几百米硬塞给那人。

而爷爷去别人家里吃饭就没那么"大方"了。他们去别人家喝酒的规矩是，只喝酒很少夹菜吃饭，他们知道为了招待兄弟别人家都是拿出了最好的东西，怕给别人家吃穷了。所以一般爷爷出去喝酒，奶奶都会等到夜里，然后听到爷爷熟悉的脚步声和在巷子那头都能听到的熟悉的大嗓门儿："又客！（老婆）快点儿给老子（我）下碗面！肚子饿着哒！"

我开始记事儿的时候，爷爷已经接近八十岁了。他完好地出现在我记忆中只有两个片段，一个是不知何事惹了他，他拿了块儿木条追着我和堂哥搡，要来打我们。我和堂哥一口气爬到了医药站宿舍顶楼（大概是八楼），结果没一会儿老爷子追了上来，把我俩扁了一顿后扬长而去。还有一次就是爷爷在家门口的巷子打麻将，一桌子年轻人好像有开林叔叔和张黎明她爸爸，都是不到三十岁的年轻人，嫌爷爷打麻将速度慢，爷爷二话没说起身抓起几块麻将扔得老远，最后还把麻将桌子掀了。

再后来就是爷爷中风得了脑血栓，身体半边瘫痪躺在他那间阴暗潮湿的小屋子里，一直说不出话，只能"喂……喂……喂……"躺了好几年后去世了。

每次去奶奶家，我都要走到床前和他握握手待一会儿，那时候他的手还是非常有力量，只是他的眼角开始有了泪水。

# 那些年，我们都是为爱勇敢的女孩儿

**Sumind 鱼寻**

那个时候的他，就是我的上帝。

他在理科实验班，我在文科实验班，他在我的楼上。

他不开心，我把英语报纸撕一个长纸条，把安慰的话写在上面卷起来，包成一颗糖的形状叫人递给他。

他找我借电话，当天晚上下晚自习第一个冲到洗衣店把手机电池送进去充电，结果洗衣店已经关门了。我不顾形象地大吼大叫，把门拍得轰轰烈烈，叫醒了老板。

妈妈给我送饭，我总是借着晚上再吃一份的名义要她多带一份，煎两个荷包蛋。实际上把另一份悄悄送给了他，我只是想要让他也能吃到我妈妈的可口饭菜。

买一支好看的笔，在愚人节那天，拿笔芯画了四节晚自习画到没墨写不出，再小心翼翼装回去，只为了能整蛊他，让他开心一下。

和他换饭卡，把他的饭卡放在桌子隐秘却又能看得见的书堆下，上课总会忍不住偷瞄几眼照片上笑得灿烂的他。

把和他的聊天记录一字一句地抄在小本子上，每天拿出来看一次，回味一次。把他给我的纸条"不喜欢你怎么会跟你发那么多短信呢"珍藏在本子里，把他送给我的巧克力吃剩的袋子夹在课本的扉页，把他送的饮料没舍得喝放在抽屉直至过期……我那么容易满足，那么容易感动，他微小的一丁点儿回应，我都能开心到睡不着觉。

而我唯一记得他为我做的事，便是他跑上跑下为我送了一个冬天的热水。

那个时候学校为了节约成本给每个班级的饮水机都断了电，而他所在的理科实验班充分发挥了他们的主观能动性和专长，把电线接了过去。所以整个学校只有他们班里有热气腾腾的热水。而我刚好是靠窗坐，每天把空空的保温杯放在窗台，他随时下楼路过看到随时帮我灌满，像是某种暗号。他就这样坚持了整整一个冬天。

那个热水如此奢侈的冬天，我因为他幸福得甜蜜满溢。

当年的我胖胖的，黑黑的，笨笨的，得不到老师的宠爱，失去了最用心的友谊，可他一点儿都没介意。

甚至是现在，我还是对他怀着一种感恩的心态，感谢他出现在我最艰难的时光里，他永远无法想象当年的他对我有着多么深远的意义。

现在的我，瘦了，白了，优秀了，可是却再也不会傻傻地追求义无反顾地付出了，再也找不到当初那个勇敢去爱的自己了。

现在的我，被这样或那样的男生示好，可是谁真谁假再也无力去分辨了。我会把一切都盘算得很清，吝啬在爱情里多付出那么一丁点儿，吃亏那么一丁点儿。

是的，那些年，我还是个勇敢去爱的女孩儿，很傻很天真，却很美很单纯。

# 父亲是个汉子

石 晶

父亲是个粗犷的汉子。爱喝酒，就大碗大碗地干；爱吃肉，就大口大口地塞。夏天午后或飞满小虫的夜晚，楼前屋后总能听到他厚重雄浑的声音——"对儿八！"他热爱打牌，正如他喜欢喝酒一样直白。

他长得也粗大，爷爷常说他是个"愣头青"。但他绝不是没脑筋的人。打结实的家具，拿黑铁丝弯出一个个耐用的衣架，修鞋，甚至修理老一辈的怀表，他都拿手。可他虽然精明，却忍受不了我的愚笨。有这样一个父亲，不知道是该骄傲还是自卑。

小学时候，我问几何题。他看了题，在草纸上"唰唰"画出草图。讲了一遍，抬头看见我茫然的表情抄起拖鞋便要打。我一闪，"哇"地大哭起来，他厚实的大手便一掌一掌落在我身上——"最见不得你哭！闭嘴！"于是后来，我再也不问他题了，坚持自己解决。

因他打我太勤，我很惧怕他，一见他走进我的房间就胆战心惊。若他只是找个东西，不大会儿就出来，我在心里便长长地吁一口气——他在我心里，那可是皮肤黝黑黝黑的、打人很疼很疼的一条大汉……

后来，他胃疼。但他心疼钱，忍着不去看。实在疼得厉害，就拿一个靠垫抵着，用麻木感去驱散疼痛。可是这又有什么用呢？有一天，他一口没忍住吐了血，才被母亲硬拖着进了医院。一查，是很严重的病。

父亲住院了。

中午我回家，家里没人。一会儿，母亲回家取钱，告诉我他病得很重，并说千万别叫他知道。我嘟哝着："他那么胖，能有什么病啊？"可一转头，泪就淌了一脸。

父亲的手术很成功，只是比预想的手术时间超过了三四个小时。一大家子人等在外面，互相安慰着一定是还有救。母亲泪流得快要干了。母亲说："当'手术中'那个牌子一灭了，我就瘫了。你姑姑舅舅们拥上去问医生，我只抬眼看见你爸的身子上没盖着白布，就松了口气了。没事儿，孩子，你又有爹了。"我的泪，就再也忍不住了。

手术后，父亲瘦了好多——与从前判若两人。偶尔他也会拿着以前的照片不无怀念地感慨："看那个时候，我多壮啊！"现在的他，人瘦了，更黑了。不能抽烟，更不能沾酒，只是打牌的习惯他依然保持着。不过，也不在人群中喊叫了。路过牌摊儿，也听不见那浑厚的音儿了，总觉得……少了些什么吧！

父亲不再训我，由着我来。实在看不下去了就轻声地叹一口气。母亲总是告诉我不要气他，会气坏他身子。他也偶尔说一两句我这么大了该体谅母亲。欣喜于他性格的改变，温顺安然。

可我依然敬他、畏他，尽管他变得纤瘦，但他仍是个汉子——原来，那个时候检查结果出来了，母亲及亲人们都只告诉他不严重，小手术而已。他自己不信，便趁着没人去护士台的病历卡上查到了自己的病情——他得的是癌症啊，都晚期了……大病没有击倒他，我的父亲，他是响当当的汉子！

现在，父亲一心要我考个好大学，在学校边上租了房子陪读。每日里下了班就匆匆往这里赶。花销大了，他越嫌自己挣得少，和上级申请调工作。谁放心得下呢？他的身体又不好……领导劝他不要冲动，他眼一红，说："我闺女要考大学呀，我不能叫她考上大学念不起呀！"谁也拦不住他。

谁都不否认，我的父亲，他是个汉子！顶天立地的汉子！

# 爸爸在这儿

亦 然

看完最新一期《爸爸去哪儿》，我想起了我的爸爸。

"你爸爸是块学习的料，只可惜你爷爷去得早，奶奶又不会持家，作为长子的他不得不放下学业赚钱养家，要不然他肯定是个大学生。"——这是我考上高中时二伯父对我说的。

"你别看你爸有的时候把自己整得跟农民工似的，好好打扮打扮他也是个帅小伙，要不然他哪能把我娶回来。"——这是我继母刚到我家时对我说的。

"你爸这人脾气就是有些火爆，急了还会动手打人。但你要相信他是爱你的，他骂你打你都是为你好，千万不要因此记恨他。"——这是爸妈离婚时妈妈对我说的。

……

我爸姓冯，但是别人都叫他老吴。原因？我不知道。

在我十岁以前，就和所有的小孩子认为的一样——我老爸就是个万能超人。作业题不会？让老吴教。玩具坏了？让老吴修。做错事被妈妈骂了？让老吴护着……也许是因为太小，我十岁前对老吴的记忆，除了他是个万能超人外，便是有一回他和妈妈发生争执，我扑上去抱住即将被打的妈妈，却被他拎起来丢到床上。我想我之所以会记得这件事，是因为被丢到床上真的很疼。

2006年,我十岁。那时候的我从来没想过我最亲的两个人会分开,我只能在他们两个人中选一个,也从没有想过我的万能超人也会流泪。

那是他们离婚后的某一天。店里和平时一样放着音乐,老吴在收拾货物,我和弟弟则在一旁帮他清点。突然弟弟动了我一下,指了指老吴。我转过头,看见他在椅子上静静地用手抹着眼睛。我讷讷地喊了声爸,他招了招手示意我们过去,然后抱住我们,说:"没有了妈妈也不怕,爸爸一样能把你们养大,别的小孩儿有的东西你们一样都不会少。"

那是我第一次见到老吴的眼泪。

2007年我参加了小升初考试,考得并不理想。老吴很失望,他说既然你不想读书那我们就不读了。说是这么说,他还是走关系把我送进了市里的一所初中。第一次住校的我就像出了笼子的鸟儿,每天都玩得不亦乐乎,成绩可想而知。拿到成绩的老吴并没有生气,而是利用休息时间一点儿一点儿地帮我补习。我的成绩就这么一点儿一点儿地提高了。初二第二学期的期中考试我的物理还拿了满分,那是全年级唯一一个满分,老吴特别骄傲。

2010年,我考上了省重点高中。老吴很开心,那个暑假他总是乐呵呵的,别人有事求他他都会帮忙。他总是说,如果不是当初没一个人能撑起这个家,他也能顺顺利利考上高中,顺顺利利参加高考,成为大学生。我知道,这是他的一大遗憾。

高二第一学期快结束的时候,我恋爱了。我知道班主任会在第一时间把这件事情告诉老吴,所以那几天我一直在等他的电话。谁知道他的电话我没等到,各种女性长辈的电话倒是接到不少,而且内容只有一个——我现在还小,还不会判断一个男生是好是坏,也不知道如何保护自己。如果不是那次期末考试我没考好,我想老吴是不会和我摊牌的。我打电话告诉他我退步了三百多名以后,他只说了"你自己想想什么原因"便挂了电话。我听得出来他很生气,我也知道一场暴风雨即将来临。那晚吃完饭后老吴把我叫进了房间，然后便是我们两个人之间火药味最大的一次争吵。活了十五年，我第一次见他那么生气。吵到最后他扬起手准备打我，我就静静地看着他，什么都不说。僵持了几秒钟，他的手还是挥了下来，不过打的是我旁边的柜子，那声音真的可以用震耳欲聋来形容。在他转身的那一瞬间我就知道我赢了，他是舍不得下那么重的手打我的。

后来呢？后来啊，我的成绩回到了原来的样子，并且还有继续上升的趋势。老吴自然很高兴，再也没有提过我早恋这件事。我想，他大概以为我已经改过自新，一心向学了吧。

我高三的时候老吴变得特别啰唆，每次打电话给他或者回家的时候他都要问一下我的模拟考试排名，问一下我们学校的一本率和重本率，问一下我们班其他人的情况。最让我受不了的是他还会问我初中闺蜜所在高中的一本率和重本率，还有她们的模拟考试排名和高考估分。每当我不耐烦的时候他就会转移话题，下次有机会的时候又会继续问。我就这样成为我们那一群人中了解各个高中一本率重本率以及各个人成绩最清楚的一位，说起这些如数家珍！

高考前老吴试探性地问了我要不要送考，被我拒绝了。我告诉他我们就在本校考试，我住在学校就好。我还和他说那三天最好不要出现在我面前，能离我多远就离我多远。结果是从高考前一个星期一直到高考结束我都没见过家里的任何人，他们也没有给我打电话，就连那张保佑我高考顺利的符，也是一个我从未见过面的阿姨送到学校给我的。

成绩出来那天老吴明显比我激动，十二点才能查成绩他七点钟就把我叫醒了，连电脑都帮我开好了。两点多的时候成绩出来了，他看了后让我把成绩截图发给班主任看一下，是不是综合分加上会考分是最后总分。那表情特别的虔诚，还有些激动，就像那成绩是他考出来的一样。我的化学没考好，但幸好总分没让他失望。虽然清华北大之类的名校我上不了，但去一所985或者211院校还是妥妥的。那天下午老吴一直在打电话，用继母的话说就是笑得跟朵花儿似的在那一直重复那几句话，整个人就是一个有血有肉的复读机。

　　高考结束后老吴说我长大了，他可以放心让我飞了。但是在我说起有学长追我的时候他有些不乐意。也许老吴和几位星爸一样，从未想过也不敢想象自己疼爱了那么久的女儿嫁出去的那一天吧。

　　老吴很疼我，我一直都知道。无论他夜里睡得多熟，我到房门叫两声爸爸他都会立马起来给我开门，然后问我怎么了。他知道我怕黑，所以家里面总是会有一个人和我一起在家。上大学后每次打电话回家，他都要问我最近吃了什么，钱够不够花。送我去学校或者去接我的时候，他总是能一个人拿完我所有的行李。他知道我会痛经，所以让继母带我去看了好多医生，会在我痛得不得了的时候递给我一个热水袋……

　　老吴很厉害，我一直都知道。他会修很多东西，会给动物看病，还会唱很多粤语歌。家里的电路是他装的，放货物的架子也是他根据需要自己做的，叔叔上大学也是他供的。他说他不要求我们能像电视上那些人一样有很大的出息，也不要求我们和他一样一个人撑起一个家，他只希望我们能和他一样，在三十岁之前只靠自己的能力买一套足够大的房子，有一份还算好的工作。

　　老吴有很多缺点，这我也知道。他脾气很臭，有的时候会因为一点儿小事生气，火气大的时候还会动手打人。他和朋友出去玩，有的时候会凌晨才回家。他还不会做家务，甚至连碗都不会洗。

　　老吴没有星爸那么高，没有星爸那么帅，也没有星爸那么有钱。但那又怎么样呢？不管他有多少缺点，有多少不足，我还是爱他。

　　我想，爸爸就是那个不计得失一味为我们付出的人，是那个无论我们犯了多大的错误都会原谅我们的人。无论我们走得多远，在我们遇到困难的时候，他都会在我们背后轻轻地说："别怕，爸爸在这儿。"

## 棉花糖填满心间

　　两个人相视而笑，笑声放肆在秋季广阔的天空里。果果知道，彼此之间的那个结已经解开了，心里冻结的地方被一种情感填满，误会也好，喜欢也罢，都被这个秋天的风吹得干干净净，烟消云散。

　　大片大片的梧桐叶子被秋风染黄又吹落，铺满路边，像是电影里面才有的美好镜头。看看这温暖的色泽，这个秋天，好像也不是那么冷呢。

# 第八日小札

宇 城

今天是假期第八日。

今天的天气说实话并不是很好——在等去姥姥家的车时遇见了几分钟的太阳雨，有漂亮的阳光从云层中曚曚昽昽地透出来，恍恍惚惚又轻飘飘的，但似乎是有那么一丝紫黑色的气息在太阳的脸庞上盘踞着，看起来惨淡得很。

开车的是一位很幽默并且爱吸烟的中年大叔，双眼皮，有很和蔼的眉眼，笑的时候脸上的肉也会抖上两下。这位司机大叔身材瘦削的少年时代也许是很吸引人的，但当我看见他费力地从车前端的扶手那边挤过去的时候，这种想法顿时像梦一般地飘过去了。

经过收费站的时候，司机大叔很高兴地透过车窗对坐在那里认认真真工作的阿姨说："啊——美女，上一个星期怎么没上班？"我清清楚楚看见穿着职业装的阿姨妆容很浓的脸一下子眉开眼笑。在车开走之后，我听见司机大叔欢欢喜喜地对卖票的姐姐说："你知道吗，每一次我叫她美女，她都会回我'帅哥'呐。"顺带半脸肉轻轻抖动，一副很自得的样子。我正在吃锅巴，差一点儿被噎到——很庆幸口香糖已经被吐掉了，否则会被吞下去也不一定。

经过大庄桥的时候，可以看见桥下几乎并不流淌的水，还有露出来的大片大片的河床。我听见后座人在说："……这还是好的啊——前两年旱的时候，哎哟，才真的是没有水了哟……"

我看见在河滩上有一条破旧的木船，感觉很熟悉，就好像见过很多次一样。然后就忽然想起来：曾经很多次见到一个五十多岁的男人在这河水中划着这条船，只不过船要更新一些，水要更深一些。那黑色的漆应该就像是远远见着第一感觉都是很坚硬的那种，船底藏在河水里，有波纹泛起来。

那种只是一眼就很熟悉的感觉，就好像做了一个美妙的梦似的，一下子醒了，感觉心口里有一个深得不见光的洞。

姥姥家从来不会断绝鸟声。

只要你认真去听，绝对不会有低于三种鸟儿的声音在不远处清脆而又欢快地响起来。就像是被哪位山神下了什么咒语，那不绝的鸟叫声，连带着风吹杨树叶的声音和鸟扑翅膀的声音，好像在树林间有千百只风车一同响起，此起彼伏，却并不烦躁。

我很遗憾没能赶上山南头成山的桃树开花的盛景，也就只能站在路边远远地观望那并不是翠绿的桃叶，还有那低矮嶙峋的树干，以及错综复杂甚至有半途中穿透地面的树根。

在洗银耳的时候，姥爷回来了。戴着深蓝色的软布帽子，腰里插着一根牛皮烟袋，有半截烟杆从里面露出来，脸上是很温和的历经沧桑的笑容。我想，姥爷年轻的时候才是真正的翩翩少年。当一个人历经千百个日夜的磨炼后，才会释放出来和天地同息的感觉，那似乎是只有年老的大人才会有的力量——就算是静静地站在那里，好像被忽视了，其实却是整个人群的中心的神奇力量。

后来开始下雨，是很密很急的小雨。雨滴打在铁板上是很规律的美妙的声音，甚至还能听见被风带来的雨滴击打在树叶上的闷响。然后开始很困，于是很丢脸地睡了五个小时，期间无梦，并未醒来。

# 师姐加油

流憩

骚动发生时我正好在洗脸。

满满的一盆水,手上的毛巾刚放进去一半,忽然听见某舍友大喊:"嘿,风吹草动了!"语毕,全宿舍的人都屁颠屁颠地往外跑。等我"姗姗来迟"以后,走廊外面已经站满了人,对面楼的高三师姐们一个个站到了阳台外面,有的注视着高二宿舍楼,有的梳着头,有的洗着衣服,有的还刷着牙。高三那边熙熙攘攘地吵闹开了,高二这边还是人人缄默的状态,只等哪个人扯开嗓门,喊楼行动就该开始了。

兴奋的心情难以抑制,我立马煽动身旁的人亮开嗓子,无奈人人都无视了我的行为,个个望着对面的高三宿舍楼沉默不语。气氛异常凝重,高三那边反常的吵闹与高二这边反常的平静形成了过于鲜明的对比,我只好打消独自一人高声大喊的念头,加入沉默的行列。

秒针一圈圈地旋转,终于有人按捺不住,高声大喊:"师姐加油!"一下子,高二这边炸开了锅,有嘴巴的人都扯开了嗓子大喊,吵闹程度远远超过了高三,一声声的"师姐加油"在天地间久久回荡。

高三那边嬉笑声成片,"谢谢"不断地传来,甚至还传来了"师妹学业水平考试加油"的高呼。混乱情况没持续多久,宿管阿姨便开始骂人了,不少人被阿姨们的一脸凶相吓回了宿舍。

但那些"不畏强权"的孩子们在阿姨"过境"后迅速回守自己的

"岗位"，214的淑女们更是冲锋陷阵在"战争"的最前线。于是，我们跟阿姨打起了"游击战"，一波大喊之后，全体人员迅速撤回宿舍。关门、关窗、关灯、上床，所有动作一气呵成。无奈我肩负着"三关"重任，加上床铺很不幸地在上床，于是无法逃回床上，只好躲在门后喘气。阿姨闻声而动，上来逛了一圈却抓不到一个人，只得又下去了。

开灯、开门、开窗，再来一波大喊。关门、关窗、关灯，我继续躲在门后喘气。如此重复，一切进行得如同流水作业般。

终于，学生会老师来了，团委老师来了，政教处老师来了，主任来了，副校长来了，连日理万机平时难得一见的校长大人也来了。

超高瓦数的手电筒忽然间扫过214门外的走廊，吓得一群大好女青年花容失色，一个个弯腰匍匐，艰难地逃回了宿舍。

非常不幸，这次忘了关右边的窗，而老师们正在一步步逼近，躲在门后的我甚是危险。

"好了，大家的心意学姐们都收到了……"接着，离开的脚步声响起。

虚惊一场。

开灯、开门、开窗，最后一波大喊响起："师姐晚安！"

那边传来："师妹晚安！"

至此，喊楼行动圆满结束，大家都心满意足地该干吗就干吗去了。我倚身在栏杆上，前面，是高三的宿舍楼，面对着我的是每间宿舍的阳台，而不是一条长长的走廊。

一个个规则的矩形里透出白亮的光，可以看见梳头的人、洗衣服的人、刷牙的人……就好像摆在我面前的是好多台大型的电视机：每一个低头抬头，每一个俯身起身，每一个伸手缩手……

每一个动作后面是我还未读懂的汗水与泪水、艰辛与悲哀。

高一时喊楼，给师姐们打气的同时图个好玩。高二时喊楼，时间流逝的无奈，未来无法预知的迷茫，梦想成真与否的忐忑，决一死战的肃杀，还有注定离别的感伤……百般滋味涌上心头，无法承载。一年后，当被喊的换成我们，我们又该如何唱响那一曲离歌？如何接受成王败寇的永恒定理？

毛巾抚上脸庞，半湿半干。下一秒，所有灯都灭了。

# 棉花糖填满心间

### 明 言

果果没有想到升入高中的第一天就会正式上课，果然是全市第一的高中，课程这么紧。课上到一半时，一个男生拎着书包，灰头土脸，龇牙咧嘴地站在门口喊："报告！"

全班立刻哄堂大笑起来，这个看起来很阳光的大男孩儿尴尬地红着脸，站在那里不知所措。杨果果暗想：该不会是摔了一跤吧。

"随便找个地方坐下吧。"在开学第一天就迟到，这可不是个好兆头，老师的口气听起来硬硬的。他拎着书包走了一大圈，那么多空座位不选，偏偏坐在了杨果果的身边。讲台上，老师又开始讲课了。

"我叫杨朔，你呢？"他压低声音说。"杨果果。"果果回答。

"好巧，我们都姓杨。"他笑，露出一口整齐而洁白的牙齿。

"你……"果果指了指他身上的泥土，"怎么弄成这样？"

"啊？这个啊！"他不好意思地笑笑，"来的时候因为怕迟到，走得太急跟另一辆自行车撞上了……"呵呵，果果没猜错，还真是摔了一跤。

果果跟杨朔都是那种自来熟型的人，没几天就熟悉了。那节是历史课，而果果的历史中考成绩是十四分（满分三十五），还不够满分的一半，幸亏其他科目都学得还不错，弥补了这个缺陷，才得以进入这所重点高中。所以果果对历史可以用四个字来形容：深恶痛绝！反正高二分班的时候，果果是要学理的，历史成绩对果果来说无关紧要。

为了防止由于过度无聊而睡过去——刚开学就上课睡觉总是不好的——果果从书包里取出一包早晨买好的棉花糖，轻轻拆开包装，取出一颗淡绿色的塞进嘴里。一回头却看见某人正一脸惊愕地用看怪物的眼神看着她："你居然上课吃东西？"

果果则用同样的眼神回敬："你居然没见过别人上课吃东西！"

杨朔尴尬地笑笑，赶紧转移话题："你喜欢吃棉花糖？"

"嗯。"果果应着，一边又往嘴里塞了一颗。

杨朔突然不说话了。

窗外，九月的梧桐枝叶正茂盛。

"果果小姐。"果果转头，看见杨朔正一脸谄媚地看着她，那表情分明就是四个字：不怀好意。

"什、什么事……"果果被这样奇怪的杨朔吓得结结巴巴。"我们换一下座位好不好，那个，我比较喜欢靠窗的位置啊。"

"不好。"果果回答得非常干脆。

"哈，拜托啦……"某人恳求着。

"我说不好，除非……"果果斜起眼睛看着一脸期待杨朔，"除非你请我吃棉花糖。"

杨朔扑哧一声笑了出来："就这么简单？"

"对！就这么简单。"

杨朔二话没说，下课就去买了四大包棉花糖，而杨果果更干脆，仅用了两节课就吃得只剩下一颗。雪白的棉花躺在果果的两指之间，被捏得有些变形。

正在果果全神贯注地盯着这最后一颗棉花糖，考虑是马上吃掉还是留到下节课再吃时，一旁传来杨朔惨兮兮的声音——"果果……你要是每天都这么吃的话，我会破产的……"

杨果果翻了个白眼，张开嘴吞掉了最后一颗棉花糖，趴在桌子上开始打盹。而一旁的杨朔完全石化，他已经看呆了。

"果果，你为什么喜欢吃棉花糖呢？"又是杨朔在没话找话。果果抬眼望着窗外的云朵说："你难道不觉得，棉花糖软软的，嚼起来像是在吃云朵吗？"

"这样啊……"杨朔若有所思，"那我明天再买，然后陪你一起上课吃好不好？"

"你？"果果轻笑一声，"你这个乖乖仔要是敢在上课吃东西我就改成你的姓！"

"一言为定！"杨朔一口应下，过了几分钟才恍然大悟地说："不对啊果果，你跟我姓还是姓杨啊……"无良的杨果果已经笑得完全趴到桌子上去了。

"杨朔同学，请把课后练习第三题答案读一下。"老师突然点名吓了杨朔一跳，拾起课本读出的答案却是一字不错，几乎完美无缺。果果趴在桌子上侧头看着杨朔，突然发现这个大男孩儿好可爱。

又是恼人的历史课。果果躲在堆叠成山的课本后大口地饕餮着杨朔买来的棉花糖，杨朔则一脸无奈地帮杨果果同学抄笔记。

"你要不要来一颗？"果果看了看包装袋里所剩不多的棉花糖问道。

"不要，果果，你还是听一下课吧，唔……"话没说完，果果就把一颗大大的棉花糖塞进杨朔嘴里堵住剩下的语句，然后看着那张红红的脸，笑得几乎要断了气。

"杨果果，我有事要问你。"杨朔从笔记本上面撕下一张纸，写道。

"什么事？"纸条扔过去，杨朔在那边写了又划划了又写，一张纸划得面目全非，最后才草草写出一行："如果，我是说如果，有个男生跟你说他喜欢你，你会有什么反应？"

杨果果微微一怔，一下子明白了杨朔的小心思。聪明如她怎么会不明白呢。

"把他当空气。"杨果果回道。看着杨朔读过纸条后失落的表情，果果微微有些心疼。

果果开始回避杨朔。暗地里请老师调开了座位，不回复杨朔的短信，不理会杨朔的纸条，不跟杨朔说话，把杨朔塞到她桌子里的棉花糖又塞回杨朔的书包，气得杨朔公然在自习课上"嘶啦"一声扯开包装，大嚼棉花糖。

尽管果果从不给杨朔回纸条，但杨朔却一如既往地写着。比如昨天的纸条内容是：果果，嚼棉花糖真的像是在嚼云朵啊；再比如今天纸条的内容是：果果，你就真的那么讨厌我吗？

讨厌？怎么会讨厌呢。果果在心里面苦笑，这个阳光明朗而又干净单纯的大男孩儿，任谁也不会认为他讨厌吧。果果甚至有点儿喜欢他，可就是这一点点儿的喜欢，让果果感到害怕。这不是一个适合风花雪月的年纪啊，身上那么重的包袱——父母的期望、老师的重视、繁重的课业……所有的一切，都在她考上这所重点高中之后铺天卷地地向她袭来，压得她喘不过气来。这顶帽子太大太重，他和她，谁都背不起。

所以果果在纸条上写下客气但也刻薄的一句话：请你以后不要给我传纸条了，谢谢。

趁老师不注意丢过去，看见他欣喜地打开纸条后，表情迅速冻结，最后木然地撕掉纸条，低下头继续做题。

果果假装自己心安理得地继续背书，低下头的时候刘海挡住大半脸庞，两滴眼泪就这么不经意地砸了下来，没有人注意到这小小的插曲，果果抹掉不争气的眼泪。再次抬起头的时候，莫名的孤单挤进胸膛，心中不为人知的某处开始悄悄瓦解。

转眼已是十一月份，期中考试匆匆而来又匆匆而去，果果看着手中的成绩单，自己的名字在前一半人的中间位置。不太好也不太差的成绩。走在路上，深呼吸一下，让秋天微凉的空气进入肺中，盘旋片刻再次飞出，心情……好像还不是很坏。

"果果，杨果果！等一下！"身后有个熟悉的声音在喊。回头，居然是杨朔，成绩单上排名第三的杨朔。果果迅速转身，装作没有听见。杨朔好像生气了，快跑几步冲到杨果果面前拦住她的路说："杨果果！你为什么不理我！"

杨果果则好像故意要气杨朔，歪着小脑袋，两眼望天，一脸俏皮地说："我认识你吗？连话都不跟我说的陌生人。"

杨朔一下子涨红了脸，磕磕巴巴了半天，气势也消了一半，满脸委屈："明明是你不理我的吗，就算你忘了我，但是不可以忘记我的棉花糖……"

果果看着面前一副受气模样的杨朔，一时忍不住"扑哧"一声笑了出来，而杨朔的脸红得都要滴出血来。

"那个，还是朋友吗？"

"不要。"果果一脸霸道。

"为什么啊……"某人一脸委屈。

"哪有那么简单啊，除非你天天给我买棉花糖。"

"好！"某人一口应下。

"答应得这么痛快？"熟悉的对白让果果起了恶作剧的念头，"我才不信你能坚持下来，你要是能坚持下来，我就跟你姓！"

"嗯？杨果果，同样的把戏你别想耍我两回。"

两个人相视而笑，笑声放肆在秋季广阔的天空里。果果知道，彼此之间的那个结已经解开了，心里冻结的地方被一种情感填满，误会也好，喜欢也罢，都被这个秋天的风吹得干干净净，烟消云散。

大片大片的梧桐叶子被秋风染黄又吹落，铺满路边，像是电影里面才有的美好镜头。看看这温暖的色泽，这个秋天，好像也不是那么冷呢。

## 我是……那个……学长

季义锋

"学长,学校的宿舍怎么样啊?"
"学长,我不订学校的被褥行不行啊?"
"学长,学校里的老师严不严啊?"

又是一年高考之后,录取通知书洋洋洒洒地发到了孩子们手里,各个新生群里,下一年的孩子们已经开始叽叽喳喳地问起了学校的各种问题,往往要耐心地解释好多遍,好像脑子里已经开始盘旋着那些写满了年轻和稚嫩的面孔,他们就好像一个大大的美工刀,恨不得在我们睡眠不足的眼睛下面狠狠地刻上几个字——"你老了!"

师弟和师哥就像一个家里面年长和年幼的两个孩子,而面对年幼的孩子,你总要回答那么一两个"诡异的问题"。

"学校里有没有美女啊!"
"我们影视学院怎么会缺美女!"
"你们这届哪个姑娘最美啊?"

我托着腮帮子问这个臭小子到底想干吗?这个小孩儿见我不搭理他,便狠狠地抛出了最近在网上流行的一个帖子传给我看:"师哥,你得打折促销了,师弟我还是新鲜上架呢!"

"男人是越老越值钱的!"我心虚地关掉了对话窗口,拒绝再为这个不尊敬学长的师弟提供大学生活的复述型导游。我恶狠狠地怀着嫉妒心情去了校内网，更新了自己的校内签名——"马上就要有一群顶着年轻面孔的人挤掉我们的宿舍，轰走了我们的年轻，霸占我们大一的人出现了！"

打上了好几个感叹号之后才觉得过瘾，我盯着电脑屏幕，看着学校那一栏的"南京艺术学院"六个字发呆，去年刚刚来到这个地方的时候，好像自己也是这副样子，事事都追在学长的屁股后面问，记得最离谱的一次是刷白鞋的时候却因为处置不当把白鞋刷成黄鞋，惊慌失措地给同系的师哥打电话问。

师哥就在电话里一点点地指挥着我重新刷鞋，指挥着我把鞋子卷上卫生纸来避免黄渍的出现，甚至哪个水龙头是新安的锈会少一点儿都交代得明明白白。

我们学校是有着诡异传统的学校，每一年学生都会蚂蚁搬家般地换上一次宿舍，我们现在的阵地，学长们了解得清清楚楚。

依稀还记得去年好奇心作祟地提前了好几天到了学校，在校园里七扭八扭地打听自己的学院位置。每次问路碰到学长的时候，那些比我们早进学校的人总是格外地认真热情。正式报到的那天，在报到处打印材料，跟提前认识的大师兄悄悄地比了一个V的手势。心里觉得暖洋洋的。

和一个偶然的机会在网上认识的前年毕业的师哥聊天，我们津津有味地说起了专业课老师，哪个严格，哪个好糊弄，然后不约而同地对那个没有空调的教室大骂不止。好像几年的年龄差距一下子消失了一样。

"去年回去的时候，图书馆下面的那片空地全拓开了，真不知道今年变成什么样了！"

"战斗力真强，你今儿怎么这么晚还在？"

"哈哈，刚开完会，累死了，也不知道怎么，跟你聊起这些就什么都忘了！"

有那么一刹那的时间，我觉得好像我们就是替他们守住这里的人，文艺点说，就像是镇守青春。师兄的头像又暗下去，我回到了我的校内网，在我那个签名下面这些猥琐的同学把自己的小邪恶堆了满满的一屏幕。

"不怕，我们去帮顶着年轻面孔的师妹拎行李吧！"

"我们要用'年轻'来填补我们苍老的生活！"

"我要把那些破光盘当成遗产留给师弟们！"

面对着这些嘲弄的人，我觉得我要以一个文艺青年特有的风采来显示我的与众不同。最终我在整个屏幕上敲下了最后一个回复。

"我们能留下的，只有青春。"

# 我亲爱的先生姑娘们

### 杜克拉草

理科班给人的印象就是男多女少。语文老师曾经说过他以前带的理科一班学生六十多个人只有四个女生，理所当然是他们班的四大金花。

为了摆脱多年以来阴盛阳衰的现状，为了结束这么多年都处于一棵草的状态，于是我就屁颠屁颠地选了理科，如愿进了一班。

可是……凡事都有个例外。譬如这次就是个特例。

男女比例1∶1。确切来说，女生比男生还多三个。

于是开学第一天就让我那颗饱满的红心哗啦啦地碎了一地，我的金花梦……就这么破灭了。

好在理科班奇葩多，嗯，欢乐也多。

## 歌唱青年——祥哥

未见其人先闻其声，祥哥绝对是这一类人。只要他一到教室，我们总能听到他那闷骚的歌声。

"美丽的泡沫，虽然一触就破……美丽的花火……"邓紫棋的一首《泡沫》摧残了多少少男呐？好吧，我再怎么不会唱也知道他唱跑调了。

我照例送给他一个白眼。

"干吗？"谁知他收到我的白眼之后还不知廉耻地装傻。

"祥哥，有没有人曾告诉你，你歌声还是很洪亮的。你能唱首阳刚励志一点儿的歌吗？譬如汪峰什么的，你一个大男生尖着个声音飙那么高的女八音难不难受？"

"你懂什么，这叫艺术！艺术岂能是你这个艺术细胞被紫外线杀光的人懂的？"

对于他这种死皮赖脸的人，我只能用省略号带过以表达我的无语……

理科生骂人，果然有一套。

"我歌喉还是挺好的好不？我在宿舍唱《死了都要爱》都没把喉咙喊破。我给你来首啊……"

"别别别，祥哥，你大人有大量放过我行不？"还好在他开喉之前及时制止了他，不然，后果不堪设想。

"你这么喜欢唱歌，要不我帮你报名参加'校园十大歌手'比赛？"

"不用不用！"祥哥的头摆得跟拨浪鼓似的。

原来，祥哥也会不好意思的呀!

## 学霸——老杨

学霸，也就是汉子，坐我左手边。姓杨，比我小一岁零十二天。由于他体格庞大，长得比较早熟，加上我嫉妒他比我小，于是我光荣地给他挂上了老杨的称号。

作为一名学霸，老杨也有不为人知的癖好。你可以想象得出坐在最后一排的学霸把脚放到桌肚里的情景吗？那怎是一个粗鲁了得？他已成功地颠覆了我对学霸世界的认知。

老班把学霸安排在我的身边，可见她对我还是不错的。在同学看来我的命真好，还可以让他辅导下学习啥的。只是……他们永远都不会知道真实的情况。

某日晚修。

"老杨，把你家爪机借我一下，给我玩玩游戏。"我一副楚楚可怜的样子。

"此事还是可以考虑的。"他从容地把手机拿了出来，没等我把手伸过去他先开口："胖，要不先给我玩一局，就一局，玩完就给你，好不好？"

于是我被华丽丽地吓到了！一个差不多一百七十斤的大块头学霸，居然给我卖萌？！果然人是不可貌相的！

人家都给你卖萌了，你还好意思不让给他玩吗？

后来，他玩了一个晚上，而我居然很没出息地在旁边看着他玩了一个晚上！

好吧，我不该说要玩游戏的。老班知道会不会收拾我？

## 好女孩儿——珠珠和筱玲

珠珠，我的前桌；筱玲，我的右桌。

至于为何会把她们两个连在一起写，因为她们两个都是典型的淑女，安静，温柔，善解人意，从没发过脾气。

总之，你能想到什么好词她们都符合。这在理科班，实属很难得。正所谓，理科班的女生，都是女汉子！

当然，最主要的原因我不会告诉你我在某天晚上发现一件很狗血的事，筱玲的前男友，和珠珠在一起了。而这个男的，是学霸的铁哥们，我的老哥（认的），花心学霸，陆存。

尽管她们曾经"共用一夫"，但是这并不影响她们之间的感情。

或者这样说，筱玲知不知道他们的事，还得另说。开始我想就算知道，她也不会改变对珠珠的态度。

我说过，她是好女孩儿。而且，越安静的人，越会隐藏自己的心思，越不会让别人知道她真正所想的是什么。

　　我曾不止一次想象过，如果我旁边不是老杨而是我老哥，他们三个会是什么处境。好吧我承认我是那种爱看好戏爱八卦的人。

　　但是，这种三个人的处境是不会有的，就算有，他们也绝对不会有冲突的。

　　一次我偶然看到筱玲的日记本里写着：我从来没后悔遇见过你。你一定会幸福的，我也会。日期刚好是那天。

　　是狗血得不能再狗血的剧情。那天晚上，筱玲刚踏进教室门口就看到陆存很温柔地逗着珠珠开心。她在门口傻傻地愣了一会儿，那个曾经向别人信誓旦旦地说以后一定会娶自己的陆存，如今怀里的女孩儿却已不是她。

　　年少的承诺，又能代表什么？

　　她像个被抛弃的小狗，落荒而逃。

　　我说老哥你对不起她们，她们都是好女孩儿。

## 武侠小说家——爽爷

　　我到现在还记得班主任把爽爷分到我组的附带话：爽爷比较安静。

　　我当时就笑喷了。

　　其实也难怪班主任会这么说，爽爷真的很安静。因为爽爷大部分时间都在安静地看小说，或者写着我怎么看也看不懂的武侠小说。

　　所以他成功迷惑了班主任的眼睛。

　　不知道顺口还是怎样，我们一致认为爽爷是他的代号……

　　"哎！科代！有空不？没空也得帮我看下我写的武侠小说，新版的，给我把把关呗！"

　　对于他，我只想到一句话：无可奈何花落去，不曾相识燕都不搭理你。

"是新版的桃花侠大战菊花怪还是新版的奥特曼打孙悟空啊？爽爷，我跟你说过多少次了，我不看武侠！还有，这么有空写小说请问你这次作文写了没？！"果然，只要我搬出作文，他准灰溜溜乖乖地提起笔。

不管怎么说，爽爷是我们组最辛苦的组员。

### 动手天才——张益达

张益达，坐在与我相距四十五度的左上角。如果说爽爷是伪安静，那张益达是24K纯金的安静。但是，就是这么一个安静亭亭独立的少年动手能力却非常强。

我是说，动手做实验的能力非常强。

据了解，他实验的成功率达到97.78%，于是他在生物实验第一天就虏获了全班女生的芳心，无辜地成了全班男生的公敌。

同时，他是我的救机恩人。

这事要从我手机说起。

手机的屏幕由于我积极打字，最后不堪重负造成了屏幕有浮点，我庸俗的理解就是屏幕错位了……张益达不忍心看我每次都说要把手机扔了但却都没扔成功的样子于是主动提出帮我试试修下那破手机。然后他用了最简单的方法：电触。据说此项实验失败率为80%，但是，幸运的是，他占了那20%的机会！于是，我的手机成功复活了。你说同样是理科生区别怎么就那么大呢？

不过真心感谢张益达！

对了！他不叫张益达，长得也不像张益达。纯属是因为他名字里有个伟字以及我是个《爱情公寓4》的超粉，所以……你懂的。

## 游戏少女——彩儿

别看彩儿挺安静而且一看就是那种"三不"学生的类型,不谈恋爱不看小说不逃课。但其实她是个铁杆游戏控!

彩儿什么游戏都玩。就连男生打打杀杀的游戏她也不会落下。譬如,CF。而在去年新出的天天酷跑她的成绩总能排到我好友中前三,节奏大师她已闯了六百关!而我的关数只是她的十分之一。

她总说:"凭啥男生玩的游戏女生就不能玩?男女平等你不懂呢还是不懂呢?"

我说:"你思想这么男子气你父母知道吗?

呐,就是这么一个少女,游戏里的女汉子。

别看她在游戏里这么淡定自若而且自信满满,一到课堂上轮到她发言,她就像热锅上的蚂蚁急得团团转:"怎么办怎么办?我不会啊!快帮帮我啊你们!"

怎么办?凉拌咯!

## 现实版女汉子——胖

好吧,我承认我就是那个胖。

"胖,你身上……"学霸看着我一副想说又说不出来的样子。

"干吗?有话快说!"凡扰我游戏者是不会收到我的好脸色的。

"你看看你身上就知道了,别怪我没提醒你哈!"

我顺着他指的方向一看,汗!一只蜜蜂在肩膀上。

"啊……"我以一百二十分贝的声音尖叫着。"老哥,快把它弄开……"我哆哆嗦嗦地叫着学霸。

"不用害怕,我来帮你搞定!"于是某男挺身而出。

好吧，从我尖叫开始都纯属于我的想象。真实情况是这样的：

我淡定地拿出笔把蜜蜂从我肩膀上戳落，然后脚一抬，"啪"的一声，蜜蜂四脚朝天躺在地下。

"你确定你是女生吗？"学霸一脸怀疑样。

"眼瞎了我性别很清楚的好不？"

我成不了金花还不能当金刚吗？不成功，便成仁。

但是，我真的不叫胖也不胖！预知详情，请听下回分解。

## 记得我的奶茶

我说，如果我写一篇关于我们的文章，你们会有什么反应？

"嗷！老杨你又打我！找死啊！！"对，没错，学霸同时还是个暴力狂，我的左肩膀已经被他时不时地抽风给打肿了……

"就你还写我们的传记？那能写出什么好东西来！还有，打人不打脸，写事不写名！"原来老杨也害怕太出名呀！

"科代，语文老师说了，高考写记叙文没用。你不会把我们都写成议论文吧？"

"小瞧我？哼哼！你等着。"

"胖，你要真能写出那么一篇关于我们组的文章，我请你喝奶茶。"学霸很大方的样子。

"一杯奶茶就想收买我你也太瞧不起我了吧？好！就这么决定了！"钟爱奶茶，不解释。"记得你欠我一杯奶茶。"

## 岁月静好，我们安然长大

夕阳的余晖一不小心落在我的脸上有些刺眼，我转头看向他们。

祥哥在哼着歌，不过不再是《泡沫》，而是汪峰那首很励志的歌——《怒放的生命》，很适合此刻的我们。

爽哥在马不停蹄地赶着作文。

珠珠和筱玲，正低头讨论着物理问题。

张益达还是那么安静，亭亭独立。

彩儿玩完游戏后也加入了讨论问题的队伍。

老杨还是在题海中冥思苦想。

此时岁月静好，我们安然长大。这样的时光一直持续到高考好不好？

怎么写着写着就矫情了呢？

好吧，那就允许我这个不喜欢矫情的女汉子再矫情一回：亲爱的先生姑娘们，遇见你们是我青春里的最美好！

# 特别的女孩儿

亚 邪

又下雨了。硕大的雨滴不断往下落，打在透明的窗户玻璃上，发出"嗒嗒"的闷哼声。我站在窗前伸展因为久坐而有些僵直的身体，眼睛望向窗外，雨幕之中，我仿佛看到了那些年的她们，被大雨淋透，神色落寞。

我称呼她们为特别的女孩儿，因为她们的确很特别——特别地不讨人喜，特别地受排斥，还有，特别的孤独。

特别的女孩儿不是一个人，是三个。

第一个女孩儿是我小学一年级时遇到的。学期中途，她转学来到我们班，穿一身白色的连衣裙，头发用漂亮的发圈束起，声音软软的，像误入凡尘的天使。同学们都喜欢她，却没有人同她做朋友。

其实这也不奇怪，就像一个人心里的圣地是西藏，却迟迟没有踏上去往那儿的旅途，因为没有准备好。我说的是心理上的准备。人们总是对自己看来神圣美好的东西产生一股敬畏之情，总是害怕自己亵渎了她，这几乎是一种本能，与年龄无关。

可总归是有例外的，比如我。我不同她做朋友并不是因为她在我心里有多一尘不染，而是因为，她来到班上的第一天就抢走了我的同桌！虽然这并不是她的意愿，但是我固执地认为她就是抢走我"糖果"

的坏人！妈妈说，不要跟坏人做朋友！

后来，你是不是认为我们会像两条永无交集的平行线一样过各自的生活？不，我们成了朋友。

至于原因，大概是我觉得放学之后，偌大的校园里，一个人真的好孤单。所以，我们走到一起，做了彼此的陪伴。

可是我们的这段友情却没能持续很久。

后来的一天，我像往常一样跟她玩到夕阳都落下才回家，我刚进屋爸爸就把我拉到一边义正词严地跟我说叫我不要再跟她一起玩，因为她生病了，一种会传染的病。

我并不知道她生了什么病，可是我却知道"传染"是什么意思。于是，后来我就真的再没有跟她玩过。

时间已经过去了这么久，久到我都已经忘记了她的容貌甚至她的姓名，可我却清楚地记得那时我把最喜欢的糖果递到她手里的时候，她眼睛里一瞬间迸射出的惊讶、喜悦，还有感激。

第二个女孩儿是小学二年级转学后遇到的。作为新生，班主任让我先做自我介绍然后给我安排座位，我站在讲台上，四周强烈的陌生感使我无比紧张。我望着下面好奇的同学们，心里想着，不要紧张，勇敢一点儿，大不了把他们当成萝卜青菜就好了！

事实上我也的确这样做了。我故意不让眼睛聚焦，这样我就看不清他们的面容了。可即便是这样，她也一下子就吸引了我的眼球，让我的眼睛不得不在她身上多做停留。

直到现在想起来她留给我的第一印象我都忍不住咂舌。皮肤黑黑的，头发乱得像个废弃的鸟窝，身上的衣服脏兮兮的，扣子也扣得乱七八糟，真是糟透了！

大概就是因为这样，所以大家都排斥她，不愿跟她玩。我跟大家一样。

于是，课间休息时，我们在操场上追逐打闹，玩得不亦乐乎的时候她就只能一个人抱着大树说悄悄话。当然，没有人会关心她说了什么，毕竟她是那么一个不受欢迎的人。

不过，最让我感觉奇怪的是，她似乎并不在乎大家对她的排斥和孤立，因为她的眼睛里从来都只有一片空白，哪怕一点点儿的不开心都没有过。

她的姓名我已经记不起，可是那几年她孤单地同大树说话的身影却烙在了我的记忆里，久久没有忘却。

第三个女孩儿是小学四年级的时候遇到的。彼时，我刚经历再一次转学，又是被新鲜感和陌生感同时笼罩。这一次，我并没有一眼就记住她。我是在之后的时间里才慢慢有所了解。

她患了一种奇怪的病，所以身上常年散发着一股难闻的气味。而我也曾目睹同学们是如何对她避之如讳甚至也曾参与其中。

好多次，她从教室最前面走到教室最后面她的位置上，原本隔着一条过道交头接耳的同学们霎时散开来，同时用手捂住口鼻，生怕吸进那股难闻的气味，那动作一气呵成，别提有多整齐。

那时年幼，不知自己的这种行为会给一个同样幼小的女孩儿的心灵带来多大的创伤，那时的她也太笨拙，不懂得表达自己的不满和悲伤。她只知道，开心了要笑，不开心了就瘪嘴巴。

我曾经看到过她笑起来的样子，拘谨中透着明朗，若不是因为对她的印象不佳，我甚至会认为这是我到那时为止，甚至是此后的好几年中见过的最美的笑容。

有一次，班上一个同学的跳绳放在书包里不见了，而她恰好拿着一副，顿时，所有的矛头都指向了她。她被一群人围在中间逼问着，满腹委屈说不出来，那手足无措的样子真的十分可怜，却没有人同情她。

那时候就是这样，对待如此不合群的人，哪怕是一点点儿的宽容也没有。

后来，她辍学了，当然，并不是因为在学校里受了委屈，而是为了接受治疗。

　　再后来见到她，她身上已经没有了难闻的气味，反倒身边多出了一个我看不出年龄的男人，或者是男生。她笑着同我招呼，我也笑着回应。

　　后来，就没有后来了。

　　**后记**：或许她们并不美好甚至有瑕疵，可是我坚信她们同样也是上帝的宠儿，她们也拥有着爱和被爱的资格，若现在你的身边也有这样一个特别的女孩儿，请多给她们一点儿宽容、一点儿温暖，哪怕是一个简单的微笑也好，如果这个也做不到，那么至少不要嘲笑或是一脸嫌弃。人生路漫漫，愿她们此后的人生之路不再遍地荆棘。

# 你在我的世界打了个转

骆 阳

刚上高中那几天，很不适应新的环境，所以每天都是愁眉苦脸的。

那天体育课，我没去上，在座位上望着空旷的天空发呆。他走过来，"郑也，你怎么不出去上体育课？"

"无聊。"

"我也不喜欢运动，不会我们两个都是宅男吧？"他把手伸过来。我和他握了握手，"我不是什么宅男，就是感觉体育课无聊。"他竟然不嫌弃我的臭脸，继续和我聊这个那个的。

从小到大，一直没有遇到过这样的人。我有一搭没一搭地和他聊着，后来他竟然直接叫我小也。他太过于开朗了，让我一时半会儿还接受不了，因为我是个特别慢热的人。我说："对了，你叫什么来着？"

"我叫林锡，初中同学都叫我蜥蜴，哈哈哈……"他明媚地笑着。

我说："蜥蜴啊，我要睡觉了，你该干吗干吗去吧。"我觉得跟他这种厚脸皮的人说话就应该直来直往，不用含蓄委婉侧面提醒。"那好我做作业去了，无聊了找我玩啊。"后来他也一直时不时地过来找我聊天，而我对他仍旧是不冷不热。我天生就这样，所以也很少有知心的朋友。

期中考试过后，老师竟然把他调成我同桌，说让我跟他好好学学我那糟糕透顶的数学。其实我也是个有上进心的人，但是我从来都不会主动去问他。当他看到我作业上空着的题时就主动给我讲，特别仔细。不仅这样，他还总是给我买零食，我不收的时候，他就特别真诚地说："吃吧，别客气。"我也只好收下，多半都是随手扔在书桌膛里，后来被班上的"饿狼"给搜刮了去。即使这样，他仍旧是隔三岔五给我买。

我的数学成绩也突飞猛进，总是在课上被老师表扬。老师表扬我时，他就在一边露着他的大白牙笑。终于有一天我受不了了，问他："你一大男的天天对我这么好干什么啊？"想想他平时对我那么好就也没说太重的话。"我就是想对你好。""告诉你以后别和我说话了，我害怕。"他点点头。

那以后他还真的不太和我说话了，也不给我买零食了。并且我发现他其实并不是一个开朗的人，他只有和我在一起时才那么活泼。我越想越觉得不对劲，于是就跑去办公室要求换座。老师问我为什么要换座，我说他学习太好，和他同桌自卑。老师说："这算什么理由？"我说："老师！他……他这人特别骄傲，总是跟我吹他的成绩，我实在受不了。" 因为我平时不惹事，数学也上升了一大截，班主任信任我就给我调了，毕竟换个座也不是什么大事。

我把书本从他旁边往外搬的时候，他问我为什么调座，我没说话。他说："你是不是觉得我是同性恋？我在这告诉你，我不是！我就是想对你好。"

"就是想对我好？"

"那我告诉你，我爸是个罪犯在我小学的时候就开始蹲监狱，我妈跟别人跑了，从小到大没人愿意和我做朋友，之所以选择离家那么远的地方读高中就是想忘掉一切重新开始。" 一向在我面前只会咧着嘴笑的林锡哭了，鼻涕和眼泪流了一脸。看来他真的很需要一个朋友。我递给他一张纸巾，他擦擦鼻子。我搂过他，"好哥们儿，别哭。"我想这是我第一次对一个人那么温和。

从此，我们还真的成了好哥们儿。我们一起努力地背我们都不擅长的英语，他给我讲数学，我给他讲语文。周日我不喜欢泡在网吧，林锡就陪我去图书馆。上课日，有时吃腻了食堂，我们就一起溜出学校吃我最爱的麻辣烫，喝他最爱的羊杂汤。心情不好的时候，晚自习后一起跑到学校锅炉房后面的煤渣堆上喝啤酒。从上面下来的时候，鞋子和裤子都脏了，我对林锡说："以后再也不跟你来了，真脏。"没过几天，林锡又执意叫我去煤渣堆，我盛情难却。撞击的啤酒瓶陪我们度过了一个又一个无趣的夜晚。每当这时候我就觉得老天对我还算不错，让我这么一个面瘫的人拥有一个知己，我孤单的生活终于要结束了，也终于可以脱开那些在黑夜中深深绝望的日子。

后来的一些日子，不徘徊也不感伤。直到有一天，林锡交了女朋友。我当时听到这个消息还是有些惊讶的，并且还有些不相信。直到林锡亲口对我说："小也，告诉你一个好消息啊，我交女朋友了。"我没理他，心想这算是个什么好消息！

林锡对我一如既往的好，只是陪我的时间有些少了，我们也很少去煤渣堆，很少逃课去校外吃东西了。我突然感觉属于自己的东西被人分走了一半。

一个周日，林锡邀请我一起出去玩，我说就不当电灯泡了。可当我看到他们一起往外走的时候，腿就好像不听使唤了一样跟了上去，我尴尬地笑笑，"还是跟你们去吧，一个人无聊。"一起玩的时候，我说了许多不好听的话，当然都是针对林锡女朋友的。我说她腿粗，不会搭衣服，智商低……林锡当时就拉下了脸。当天晚上我在寝室里蒙着棉被，狠狠地骂他，"就那种人也好意思处对象！爸爸蹲监狱，妈妈跟别人私奔了……哈哈！狗屁啊！不配和我做朋友。"第二天，林锡一直都没有搭理我，可能是我说他女朋友他有些不高兴了，过会儿就会好的吧。我拿了张卷子过去问他十二题怎么解？"他们说你昨天在寝室骂我来着？"林锡盯着桌上的课本道。我低下头。没想到一切都变化得那么快。

又是一个周末，一个人在街上瞎逛，一个卖橘子的老大娘问我要不要橘子，一想到林锡最爱吃橘子了，就挑大个买了一大袋。天即将黑了，我坐上51路车，此时的夕阳缓缓陨落，橙红色的阳光追逐着路过的车，被车窗分割成一截一截明亮的光影。我想，林锡他一定能收下我的橘子。到了学校，看到林锡和那女的在操场上散步，我冲上去，"林锡，给你买的橘子。"我一脸和他第一次跟我打招呼时一样的笑。他没有收，冷冷地看了我一眼。天空飘起大雪，他们的身影渐渐消散在瑟瑟的寒风中，我已看不清眼前的一切……

今年的冬天一定比以前任何一个都难度过吧。林锡，你曾在我最需要朋友的时候出现，真好。后来，我承认是我错了，让你在我生命里的轨迹也只是一条锋利的抛物线。可就算是我的错，凭你对我的了解，你也应该再转回来的，不是吗？

# 你还好吗，奥特曼？

末黎柚子

历史课代表抱着刚刚收上去的作业冲进教室大喊："奥特曼居然知道了！"全班静默三秒钟，然后该干吗干吗。据课代表转述，他刚要敲办公室的门就听到奥特曼说："这帮小兔崽子，背地里叫我奥特曼！"于是，这个称呼从"背地"里被搬上了台面。

"奥主任，我有问题。"胖子的大脑和他的身体一样慢半拍，历史课后胖子从教室的最后一排站起来喊住夹着教案正要离开的奥特曼。大概是我的错觉，我好像看到奥特曼的身子一晃，缓缓放下正在捋着地中海发型的手，慢慢地转过身看着小胖，眼神犀利。

奥特曼这个名字正来自他的地中海发型，据说有个调皮的男生看到他遮挡地中海的那一缕头发正被风吹起，侧面的剪影像极了迪迦奥特曼的造型。

奥特曼是隔壁班的班主任，兼任两个班历史老师，而且还是我们年级的纪律主任，晚自习课间在大操场上举着手电筒扫射的保准就是他。每次历史课奥特曼都要占用相当一部分时间跟我们探讨早恋这个话题。

有一次正在谈二战爆发的导火索，我打了个哈欠就听见奥特曼叫我的名字，然后问了一句："咱们班有早恋的没有？"我感觉到奥特曼的笑容有内涵，但还是镇定地回答："没有！"那个笑容的内涵更丰富了，他接着问："那我们班有没有啊？"这次我没说话，因为小胖抢答到："有啊，多了去了！"奥特曼瞪了他一眼，说："多少啊？""七八对吧！"奥特曼这下不笑了，板起脸来哼了一声。

每天学校大门口都有主任值班，这天正赶上奥特曼，我混在人群中还是听到他大声喊我的名字，说实话我当时有点儿心虚，奥特曼只是看着我说："成功的人只是知道什么时候该干什么，你底子不错，要给自己定高一点儿的目标。"当时我有点儿吃惊，我并不是十分出众的尖子生，历史甚至有点儿拖后腿，奥特曼竟然知道我的平时成绩和目标院校。

我听懂了他的话，在上一个路口和我的小男友分开走，我们的那点儿小把戏，奥特曼大概都知道。

校门口发生骚乱的时候，我跟在奥特曼的后面冲了出去。在学校斜对面的小巷里，几个发色鲜艳的社会青年正在打我们学校的学生，学校保安在巷子口象征性地"保卫"路过的学生，却没有进去阻拦那些手拿铁棍的人。奥特曼赤手冲了过去，边跑边喊："给我住手！报警了报警了！"他的头发随着他的脚步飞起，那一刻我觉得他真正变身成奥特曼。

时隔多年，我已经大学毕业，当时的男友也早已断了联系。我在街头偶遇奥特曼，他还是骑着当年的那辆二八自行车。隔着一条宽阔的马路，我大喊："奥主任！"他转过头，一缕秀发迎风飞扬，伸出手指着我大喊："嘿！小兔崽子！"

## 你打江南走过

　　班里组织去爬山，爬到山顶的时候，你看着山坡上的松树，背影落寞。你对我说了困扰了你很久的事，你说你想去学播音主持，你说你很喜欢在舞台上表现自己，你说那是梦想。你说你很害怕，你爸妈老师都反对你，你怕你将来学不出成绩来被所有人耻笑，你怕你从此会被淹没，你对你不确定的未来感到恐慌。

　　我能感受到你深深的无力和恐惧。

　　我想了很久，才敢开口对你说，"你知道我们青春最大的好处是什么吗？就是敢于说出梦想这个词。"

# 可耐趁火打劫记

杨小样

四月粉色的桃花浅施粉黛，在这样的粉色视野里，一切都辗转成青春的美妙恍惚。

## 1

"夏知了，有人找。"

她顺着同学的手势看去，一位男生在教室门口朝她的方向望。

"同学，你找我？"

"嗯，夏知了同学，我……这个……给你。"他吞吞吐吐半天，递给她一个粉色的信封。她用手捏了捏，在心里暗笑，用脚趾头想都想得到是封Love letter啦。她抬起头戏谑地盯着他。不过，这年头能把这个写成论文厚度的男生还真是稀有。她朝他莞尔一笑，也不说话。看着男生的脸一点点变成蔷薇的颜色，然后她就拉着他往楼上五班的教室里跑。

夏知了往教室里叫了声"许可耐"，那个被叫的男生一抬头，她就指着他对旁边的小男生说："那个男生还可以吗？我喜欢的许可耐，学校篮球队队长。"

她一说完，那小男生就不知所措地夺过信落荒而逃了。夏知了抬起下巴很得意地半眯着眼睛目送，在心里很有母性光辉地说，可怜的小男生，姐姐只好对不起你喽！

许可耐走出教室问："知了，什么事？"

夏知了弯弯嘴说："刚刚有位单纯无知的小男生想追我，于是我就委屈一下要你冒充我的boy friend，下逐客令喽。"她特意把那单词说得十分洋气。

许可耐拍了下她的额头说："丫头，再这样我可要收费了。"

"什么啊，干哥哥有义务帮助干妹妹的。"

他撇了撇嘴："丫头，中国义务教育九年，那你准备要我义务冒充多少年啊？"

夏知了耸耸肩装可爱地说："那要看本姑娘什么时候被我的王子捡回去喽。"

许可耐戏谑地说："呃，知了，是不是被王子捡我不知道，不过我十分相信你应该首先会被清早扫大街的环卫大妈捡回去，哈哈……"

顿时夏知了就后悔为什么她当时要用"捡"这个词。

"你……许可爱！许可爱！唔……"许可耐一把捂住她的嘴巴，说："丫头，别叫了啊，大庭广众之下的！"是的，许可耐同学很害怕这个小丫头拿他那该死的名字开涮。他觉得这个名字很丢脸，自从被这个丫头片子译成"可爱"的谐音后，只要她吵嘴吵不赢他，就会大叫这个名字，他真拿这个小丫头没办法。

吵完了夏知了就会带着一脸小人得志的表情说："俗话说得好啊，一物降一物，我夏知了就降了许可耐这个坏蛋。"

## 2

许可耐和夏知了的关系一直很好。在许可耐父母和夏知了父母面前他们是干哥哥和干妹妹的关系。在同学面前，他们是欢喜冤家的关系。虽然他们自己可能都没怎么察觉到。

比如"许可爱"这个名称只有夏知了才能叫的。有次有个男生叫了他许可爱，他当场就翻脸了，搞得夏知了都不敢再这样叫了。可是有次在玩笑中，她习惯地叫了他许可爱。许可耐只揉了揉她的头发说："聒噪的小知了，你又在胡闹了。"这样的口气很矫情很暧昧。

又比如夏知了着凉感冒，总是觉得冷，碰巧经过的许可耐看出了端倪，便四处找人借外套。但当时是夏天，没有几个人带外衣，好不容易看到一个女生有，她又不肯借，最后他以五个甜筒的价格成交。夏知了把借来的外套披在肩上，看着许可耐仿佛看到了耶稣。

或许是由于许可耐这个干哥哥做得太过好了吧，一不小心，就会被局外人看清。

## 3

高二（1）班教室里。

知了趴在课桌上埋头偷偷沮丧。她打电话给许可耐，无人接听。她又埋头继续哭。后座的男生轻轻拍了拍她的肩说："怎么了？"

"呜呜……"她只顾着自己哭，没有说话。

"是因为考试没考好吗？"

"……嗯……那讨厌的数学要我怎么学才好嘛。"她抬起头哽咽着对他说。

男生大概是被夏知了哭时可爱的模样给逗乐了，呵呵地笑了起来。

"笑什么啊，李锦言同学，我知道你数学好还不行啊。"夏知了气鼓鼓地红着小脸说。

"呃，不是，我说我以后可以帮你学数学啊。"李锦言微笑着说。夏知了看着他无比诚意的样子，就抹抹眼泪重重地点了点头。

李锦言真是个有耐心的人，讲解题目时总那么不厌其烦，而且一点儿也不嫌弃夏知了这个榆木脑袋。夏知了笑着对他说："你还真够耐心的，不像那个许可耐讲了第一遍就不肯讲第二遍。而且啊，每次我遇到不会做的但他觉得很简单的题目时，他就会在旁边像个跳蚤，跳着说："你怎么这么笨哦。"

"哈哈。"李锦言笑了起来。

夏知了看见了他笑时露出的两颗小虎牙。呵，好lovely哦，而且他比许可耐脾气好很多很多。为什么这个时候才发现呢。

"夏知了同学，夏知了。"

"啊。"这时候夏知了才意识到自己刚刚眼睛直了。

"要回家了噢。"他指了指手表，然后又说，"我送你呀。"

她想到许可耐的班还没放学，但还是点了点头。

夜色撩起万家灯火的辉煌，香樟树氤氲的香气飘散在风里，他们走过一条又一条小道。那轮朦胧的月亮也慢慢跟着他们走，慢吞吞地跟他们走到了知了家的楼下。

她跟他说再见。他转身后又转过来跟她说："喂，夏知了，明天请你吃早餐啊。"知了点点头，可是有个声音突然说："不用了！"是刚骑自行车到来的许可耐。李锦言尴尬地看了看知了。随后又听见许可耐咆哮："我说不用了，你听不懂中国话吗？"然后推着自行车转向知了说："走，回家啦。"

窄窄的楼道里两个人一路无语。当走到五楼时，许可耐突然用左手撑住墙面，右手摁住夏知了，用很淡的口气说："丫头，你喜欢他吗？"

夏知了看着他的这个动作便想起了电影里的男主角也是这样演的。她忍不住便"扑哧"一声笑了。然后身手敏捷地从他的手臂下逃开了。

许可耐只听见她上楼时发出的"噔噔"的声音。

4

无聊的周末，夏知了嚼着口香糖给许可耐打电话，陪她一起无聊。

"喂,我是知了,找可爱!"

……

"喂,我是曹操,一起煮酒论英雄怎样啊?"

……

"喂,可耐你今天在家可不可爱啊?"

……

"喂,你吃了502胶是不是啊?"

……

"说话,喂喂喂……"

……

无聊,她重重地扣上电话。电话又突然响起来,她接起电话,听见他沉沉的呼吸声,然后他说:"知了,你下来,我们出去走走。"

碰了面,知了竟恍恍惚惚地认为他那不修边幅的样子竟有种颓废的帅气。她开口问他:"我们去哪儿?"

"滑冰场。"

"哇,有没有搞错,啊啊,不要!啊……"被逼穿上旱冰鞋的菜鸟夏知了同学栽了一跤后就一直在这里鬼喊鬼叫,惹得别人都向她敬注目礼。她死死地扯住旁边的许可耐,就像抓住了一根救命草。救命草问她:"你好像很害怕玩这个哦?"

夏知了重重地点点头。

救命草开心地说:"那太好了。"

然后滑冰场的上空响起了一记响亮曲折的口哨。随后就有好多人在他们的身后搭成一条火车。知了问许可耐:"你要干吗啊,后面这些人你都认识吗?"

许可耐摇摇头:"口哨是这里邀请别人搭火车的暗号。抓住我,否则你摔倒了不关我事哦。"

他们这一列人做成的火车在风中浩浩荡荡地呼啸而过。夏知了在前面吓得大声尖叫，而后面却是欢声笑语。

"啊……不行啊，许可耐快停下……"可后面的男生女生们都在嚷嚷着火车头快加速，许可耐回了一句："好嘞！"

"啊……"就夏知了一个人在尖叫。许可耐又把夏知了推到最前面，他搭在她后面。"啊……不要，我不要当第一个……"

许可耐突然在后面很大声地问她："夏知了，如果我也向你表白，那你选李锦言还是我？"

原来他早就知道了李锦言向夏知了表白心迹的事。后面的十七八岁的男女生听了便起哄怪叫。许可耐大声说："她不回答哦，大家帮忙加速好不好？"后面等着看好戏的那些人异口同声："好！"

他们的火车就像是已经失去控制了一样的，越来越疯狂，她尖叫："不要加速了，啊……"

"那你回答啊……"许可耐大声喊着。

后面的人也在沸腾，"回答！回答……"

天呐！真是一群不要命的疯子。夏知了感觉自己体力快透支了，大叫"我回答"。后面的人基本上一致的口气"嗯"了一声表示期待。

"我选……"还没等她把那个"你"说完就一走神儿摔了下去，于是后面没来得及撤的人也跟着倒了一片，然后人群嘻嘻哈哈地爬起来疏散了，因为他们觉得帮别人追到女生了也看完好戏了。

知了赖在地上不肯起来，许可耐怎么哄她也不起来。于是他索性也坐下来，问："知了，没事吧？"她瞪了他一眼："哼，没事。"

"嘿，还嘴硬。"

她继续瞪他，"趁火打劫的家伙！"

他嘿嘿地笑了笑，伸手要拉她起来。她看着他伸过来的手，毫不犹豫地咬了过去。看着他疼得咬牙切齿但又不好对她发作的样子，她就哈哈大笑起来了。知了脱下冰鞋拍拍裤子站起来很酷地对他说："喂，许可耐走了，我饿了。"又赶紧补充了一句，"你请！"

许可耐边揉手边说："古人讲得没错啊，唯小人与女子难养也。"

## 5

几天后的回家路上,知了在单车后座上问许可耐:"呃,那天我咬得真的很疼吗?"

"猪啊你,我咬你一个试试看。"

"你敢。哼,这就是你趁火打劫的报应。"

"笨。要是我不那样,丫头你会知道自己的想法吗?"

知了又问他:"要是我那天说我喜欢李锦言你准备怎样啊?"

他痞兮兮地说:"不会的,你不会那样说的。"

知了一记粉拳:"你怎么这样肯定啊。"

"唉,某女的网络日志的密码全是用的我许大帅哥的生日日期,里面的内容我都看完了,你叫我怎么能不肯定呢。哈哈。"

知了也笑了笑。

他到底还是知道了呀。

"知了。"

"嗯?"

"我以前都冒充了那么多次了,那这次就真的是了噢。"

夏知了依旧没有说话,她扶稳了自行车的后座,想着"他到底还是知道了呀",居然在这么关键的时刻——走神儿了!

# 乔姑娘江湖行之西藏

赫 乔

## 1 青藏线比诗好看

全世界都这么说，去西藏，如果骑行就走川藏线，如果坐火车就走青藏线。

我们的列车路过山林路过河流，路过戈壁滩路过咸水湖，也路过成群的牦牛和一两只藏羚羊。车停在兰州的时候，我在日记本里写算是诗的句子：兰州的车站前，绿色的山，有着红色的伤口，想伸手去丈量，我跟那山，谁的痛楚更深。

又遇到雪山，奶油白铅笔灰和干涩的深绿涂抹的雪山，奶油往下淌。我注视着仿佛是被狠狠抽打过的棕色岩石，明白我已经身处西藏。在措那湖边上，火车停了很久，曾经有人和我说他喜欢的女子如平静湖水，可是他仍然离开了那姑娘因为她也有波浪迭起让他疲惫的时候。我望着那湖水，再美的湖水也留不住苍鹰的。

上火车之前就感冒了，但是没吃药也没吃治高原反应的药，上车之后对面的大姐语重心长地说："我有个妹妹，她十九岁的时候去拉萨，感冒了，后来她脑水肿死了。"

我一脸黑线，阿姨你会不会聊天……

## 2 转山转水转经筒，只为途中与你相见

第一次看拉萨地图，还是在火车上，而第一天的清晨我离开了住的地方随意走上街头，就遇到了举着转经筒念着经行走的人，我跟着他们走到了大昭寺广场和八廓街，看到他们那种为了纯净信仰的身体和对信仰意志上的臣服。

手和衣服是脏的，但是心比什么都干净。

这是我看到的人们，并且被他们瞬间打动和震慑。你知道这个世界上会有虔诚的人，但是他们真的出现在你们面前，你很容易不知所措。当然了，这可是西藏游人最多的季节，你走十步会看到十个当地人，也会看到八个举着相机的游客，虽然是朝圣之地，但是过了十点钟举着小旗子的旅行团就从四面八方冒了出来。

在大昭寺门口遇到的同是背包客的男生，是和朋友从格尔木搭车过来的，他说那才叫真正的荒无人烟，他们一路搭着帐篷啃着压缩饼干还能唱着歌。但是到了拉萨之后他的小伙伴就把他抛弃了。他本来很孤独地来到大昭寺，结果碰到了大清早迷路的我，我们一起去吃了早点，他说用你们东北话这么说："大哥，缘分啊。"

我说："以我之见，独自旅行的人是永远不会缺小伙伴的，尤其像我这样乐于闯荡江湖的姑娘。你就不行了，还好我来拯救你，要不一个人在这地方吃饭多贵啊。"

## 3 盖多少章是多？

来拉萨的背包客，尤其是骑行军团，必干的一件事儿就是去拉萨邮局盖章，而我……我其实只是路过邮局想进去买张明信片，但差点儿就没挤进去。终于进去，就看到还算是宽敞的邮局大厅里面塞了不下几

百个背包客，每个人拿着好几本书这么厚的明信片等着盖章，盖章的手势和速度都是出神入化功力不浅。我拿着五张明信片在队伍的尾部，默默地看着激动的他们。

后面的一个只拿了十张明信片的东北汉子说："盖多少章是多啊？"

我在一边接茬，"要啥自行车啊？"

这本来是《卖拐》小品里的一句台词，但前面所有排队的人都回过头来了，因为他们都是骑自行车的……

后来我和新认识的一个小姑娘一起去可以看到布达拉宫的老鱼饭局吃好吃的，这家店老板原来是摄影师，店里挂满了他的照片。真幸福啊，在自己最喜欢的地方挂满了自己的得意作品还能挣钱，我忍不住感叹。

## 4 感冒与高原反应

上文提到的小姑娘，准确来说是姐姐，她叫豆豆，她其实感冒严重了，本来我们讨论很久要去色拉寺或者小昭寺，但是最后她还是选择去医院输液。

刚来的时候遇到一个四川姑娘，她说在拉萨一旦感冒没有个半个月是好不了的，而且一定要挂吊瓶。豆豆本来打算两天后去珠峰的，为了能让自己的身体机能强悍一些，她决定必须要去医院了。

晚上的时候，我突然觉得可能是心理作用感冒加剧，所以也去医院了，果然就在急诊室里碰到她。医生说："你就是高原反应。"我说："……其实我感冒了。"

她说："那你还是高原反应，外加感冒。"

然后她给我开了一百多块钱的药。

晚上回去之后，我和豆豆聊了两个小时，突然听到楼下弹唱的声音。我循着声音找到附近的酒吧，里面的乐队在唱《再见杰克》。

痛仰的歌里我最喜欢的曲子。在上路与流浪这事儿上，我们的鼻祖就是杰克·凯鲁亚克。

我坐进去喝一口百威然后开始喝暖暖的绿茶，鼻塞什么的，咽喉痛什么的，在摇滚中痊愈了。谁也别想打败热爱摇滚的姑娘。

至于我的感冒，第二天早上日出之前就好了，药都没来得及吃完。

## 5 宾馆还是青年旅社

我本来住的地方是传说中青年背包客的圣地东措，也是很多爱情与友情集中迸发的地点，因为是……男女混居的。我新认识的小伙伴S住在传说中的206疯子天堂，二十八人大通铺，我也找机会去欣赏了一下。

东措的特点就是所有能写字的地方都写满了字，而且真的什么内容都有，失恋的求爱的，感叹拉萨好和不好的，玩涂鸦的还有差点儿上房揭瓦的。

或者干脆就在天花板上写着：天花板好高啊……

虽然在青年旅社勉强住了一晚但是其实还是不大开心，因为我有轻微洁癖，就说是轻微好了，所以第二天凌晨我就爬起来去传说中最出名的一家宾馆住多人间。至少，那张床让我一眼看过去就想狠狠地扑到上面把头埋在里面，然后痛痛快快地睡上一觉永远不要醒过来。

当然了，宾馆里的小伙伴们也都很安静，不像青年旅社，刚认识的前三十分钟就能对你迅速了如指掌而后周围和你志趣相投的人就能火速跟你打成一片。我还是很爱青年旅社的，如果我在拉萨待十天，至少要有一天去住在那边。

当然我这次也是这么做的。

## 6 你好，名字很长的旅行社

我是不喜欢跟旅行团走的，但是如果去纳木错的话，最合适的还是坐旅行社的车去，其他的就不一定了。所以我在北京中路上溜达了一遍，走进了一家名字最长的旅行社。我进去就跟老板说："我想来你们家就是因为你们旅行社的名字很长……"

我觉得应该不是这样的调侃让老板忘了把我划入第二天的乘客名单，但是我确实是被他落下了。他打电话过来问我："你真的有报名吗？"我说："老板，世界上有多少人会说想来你们家就是因为你们名字很长？"

他恍然大悟地哦了一声，"我知道你是谁了真是太抱歉了。"

"不要解释了，你一定是故意的。"

如果再来拉萨，我可能会跟一个会开车的风光摄影师一起去阿里，因为他知道哪里最美最符合藏地原生气息，但是如果还要去纳木错或者羊湖日喀则，我还是会去这家名字很长的旅行社。

"事不过三，你们不要这么欺负我。"这是我留给老板的最后一条信息。

他说："这次抱歉，欢迎你再来拉萨！"

## 7 混搭的姑娘战斗力才强

我在拉萨的基础装扮就是，人字拖，牛仔裤，向日葵蓝花裙，蓝色冲锋衣，蓝碎花遮阳帽。

豆豆说："我看你里面这件，是去海滩的，我看你外面这件，是去登山的，也太混搭了吧。"

我说："混搭的姑娘战斗力才强，你想啊，我要是去看冰川，冲锋衣就不会让我冷，我要是去聚餐，碰到看着顺眼的男生就果断冲锋衣一脱，一身小碎花的南方姑娘啊。"

已经不下一个连的人以为我是南方人了，或者说，是性格特别温婉的北方人。没办法，普通话和性格都太好了哈哈哈……然后我仰天大笑出门去，留下豆豆表情特别郁闷。

别这样，我们都是一家人。

有的时候觉得穿冲锋衣的时候外地人的味儿太重了，就套个深蓝色的毛衣在裙子外面，他们问我："你就没有别的颜色的衣服吗？"

我说："蓝色可是一种自由的态度，怎么说我也是海边来的。"

所以你就会看到我上身冬天的装扮，下面却总是一双人字拖，如果不爬山的话。这边的夏天呢，十几度到二十几度，穿半截袖的有，穿羽绒背心的也有，穿高棉皮靴的有，穿人字拖的更是有。

同处一室，见怪不怪。

走遍天下都不怕。

# 等

莫小扬

## 1 "倒贴"找工作

我站在"猫的天空之城"前,这是一个很神奇的地方——很小但温馨的概念书店,里面有明信片、布丁、奶茶……店主是个很文艺的男生,他真的养了一只小猫。店里最浪漫的是一个活动——任何人只要给店主讲一个关于自己的故事,就可以在店里挑五张明信片,得到一杯奶茶。

是这样一个和它的名字一样,弥漫着梦幻气息的地方。

推开门,我看到那个坐在吧台里的男生随意地翻看着一本书,就如同方涵语向我形容的那样——他长得很阳光,却又有着一股难以言喻的书卷气。

走到吧台前,我小心翼翼地说了句:"你好。"而那个男生抬起头,静静地望着我等待下文。"我……是前几天打电话给你,问你招不招工的那个人。"

他思索了一会儿,然后用波澜不惊的语气说:"记起来了。可是,在电话里我应该说得很清楚了,没有招工的打算。"

"呃……"我有些踌躇地站在原地,方涵语前几天说的话突然又在我的脑海里响起。她颇为语重心长地说——叶颜依，你得勇敢点。

勇敢吗？目光飘忽，不去看眼前人的表情，我硬着头皮说，"这个我知道。只是……不要工资的员工，你收吗？"

而那个男生开口，说了一句让我更尴尬的话，"这个，还真的，不怎么敢收。"

"这个……你不要误会啊。"我语无伦次地解释，"其实，是我喜欢写小说，可是总找不到灵感。然后，然后我朋友知道了就推荐我到你这儿来打工，她说这里有故事听。所以，我打工的目的其实不是工资……所以你不给工资也可以……只不过，我现在是大二，所以工作时间可能不怎么固定……"

说完后，我仍旧低垂着头，只是又实在忍不住，就一点点一点点地抬头，打算飞快瞥他一眼。可我发现，当他看到我偷偷看他时，他正盯着我看，让我无处可逃，就在我别扭得就要夺门而去时，他说："是这样的话，你明天有空就过来吧。"

## 2 交换故事

在猫空打工的日子，有一种很纯粹的美妙。一晃眼，就是一个月的光景。而到了这儿的人，仿佛都会变得温和、安静。时间似乎在这一间小屋里放慢了脚步，让平淡美好的年华一直缓缓流淌，没有尽头。

这一个月里，我听了很多的故事，也知道有很多的故事，我可以从每一个人的细微表情里看到他的内心世界，或者翻开桌上为客人提供的留言本，从不同的字迹里，描摹出披着朦胧的外衣之后需要用想象勾勒出故事的样貌。

而这些不起眼又透出灵气的细节，是在一次闲聊中，林烨告诉我的。那时，我怀揣惊讶注视着他深褐色的双眼，安静的眼眸，好像幽深的海底，看似死气沉沉，实际上里面藏了很多东西。林烨一定是有故事的人，从那一刻起，我就能感觉到。

一边回忆一边补完了明信片架上的空格，我活动了一下肩膀，就听到风铃轻盈地响起。探头向门口望去，一个女生走了进来。而推开门的瞬间，她就红了眼眶，可能是被扑面而来的熟悉气息勾起了回忆。

我一边活动筋骨一边往吧台走，如果没猜错：听故事的时间到了。

她果然有故事要讲，只是那个故事很简单。她讲完后，就往楼上去，我望着她稍显消瘦的背影，撑着下巴问正在泡奶茶的林烨："你听了这么多的故事，就不会觉得都大同小异，很无趣吗？"

"不会。"他一面把泡好的奶茶递过来示意我给刚才那个女生送去，一面回答："每个人的故事固然相似，可用心去听，总会发现不同的。稍有偏差就是截然不同的人生，又有谁和谁的故事，会完全一样？"

我傻傻地接过杯子，林烨说这话的时候，表情里居然透出几分遥远的回想。我越发好奇，他究竟有怎样的故事？

送完奶茶回来，我倚着吧台，半开着玩笑："林烨，你给我讲讲你的故事吧。如果我用你的故事写的小说过稿了，稿费还能分你一半。"

林烨一声轻笑："我的故事和他们差不多，你不会有兴趣听的。"

"怎么可能。"我想也没想就反驳，"更何况你刚才不也和我说了，没有谁的故事，会是完全一样的。而你的故事，更不可能简单。"

"你怎么就这样笃定？"

"一般的男生没有耐心开这样的店。你简直比我小说里的男主还神秘——文艺青年，独自守一家概念书店，弄出这么多浪漫的东西，还和看破红尘似的……啊，你不会还真的有一个已故的女朋友然后……"我狐疑地望着他，虽然有点儿瞎掰，也确实好奇。

"没这么狗血。"林烨顿了顿，"不过也差不了多少。"

虽然已经猜到一点儿，听到林烨承认时我的心中仍然是咯噔一下，然后抿着嘴望着他，等待他继续说下去。

"猫空和这个店里所有的活动，都是以前和我在一起的那个女生的梦想，我在等她回来，带着我为她实现的梦，等她回来。"

林烨的语气很坚定，只是他的眼里却透出几分飘忽的迷茫——也许，是因为他坚持等，可又不知道要等到什么时候。

"你们，为什么会分开？"

"那时候，本来就是我们时常吵架的一段时间。有一天，她打我电话，我不想接，可她还是打个不停。最后我接起电话，只大吼了一句——我已经很烦了你不要再来烦我了！"

林烨勾起一个渗出苦涩的笑："后来她就真的再没找我。我们也这么分开了。而让我无法想象的是，再见到她时，她带着助听器。"

"她望着我故作轻松地说'平时不好好保护耳朵，遭到报应了'。我问她为什么不告诉我，结果她说'林烨，最后一次给你打电话的时候，我就知道自己快听不见了。我很怕：以后要是再也听不到你的声音了我该怎么办，可是你一句话都没让我讲，我就死了心'。"

"可是，她戴着助听器，也能听到你讲话啊。"我忍不住打断林烨的话，而他听了并不生气，只是眼里露出更深的落寞："我也这么对她讲，可她说'这不一样'。我又对她说我等她，等她治好病了，她还是能听到我的声音。可她仍是笑望着我，说'林烨，这不一样。有很多东西在你挂掉电话的那一刻就改变了。所以你不要等我，无论能不能治好，我都不会和你在一起了。'"

"可是。"我别过头去不忍看林烨微红的双眼，"可你还是在等她不是吗？"

"是啊。"我都能听到他深呼吸的声音，"我不知道自己除了等她还能做什么，放下一切和别人在一起？"

他停顿了良久，终于一字一句地说："做不到。"

屋外，乌云不知何时掩住了本就微弱的阳光，也许是深沉的天色，压得我喘不过气。

以后的日子，仍是如旧，却总有了改变。也许是因为我知道了，每一天的二十四个小时，于林烨而言，都没那样简单。兴许他从黎明破晓时就开始等待，到落日西垂时，纵有失望，也不愿放弃。

我们都没有再提起那个故事，可它刻已在我的心里，深入骨髓。有一天，我正在干活，林烨突然开口，清冷的声音打破了午后熏人的沉闷。

"叶颜依，你有什么故事？"

我一时没反应过来，怔了怔反问他："怎么了？"

"没怎么。最近来说故事的人少了，就想问问你。"

我放下手里的事，靠着墙，想了一会儿后，跟他抬杠："讲故事可以啊，可你不能拿一杯奶茶和几张明信片就把我打发了。"

"好啊。"他却也答应得爽快，"你给我讲你的故事，我请你吃饭。"

"我的故事烤瓷嘛……"我低垂着眼犹豫了一会儿，终于慢慢说道，"比不上你啊。我高中里和一个男生在一起三年，后来他要出国，归期不定，我就告诉他，我等你回来。"

"怎么也是等……"林烨低声呢喃出这样一句话，像是自言自语，却点染出无限惆怅。我一时无言，干巴巴地应着："是啊。"

临近晚上，林烨还真提出要请我吃晚饭。挑了一家小餐馆，等菜的时候，我胡乱地找着话题，最后居然说道："林烨，如果你等的人没来找你，我等的人也没回来……不如我们在一起凑合凑合算了。"

连一瞬的迟疑都没有，他说："叶颜依，我总是要等她的。"

"哈，"我故作轻松地笑了两声："和你开玩笑，居然还当真了。"

### 3 等待是人一生最初的苍老

我一直以为，林烨的等待，肯定无果。

那一天，天气大好，明媚的阳光透过玻璃窗洋洋洒洒地铺进猫空的每一个角落，融暖了人心。林烨在里面补货，而我代替他坐在吧台里，撑着下巴翻看一本杂志。

"你好。"一个女生的声音从上方传来，我一边合上书一边招呼她："有什么需要帮助的吗？"

放好书抬头，我有些疑惑地望着这个眉目清秀却不说话的女生，她抱歉地一笑："对不起，我今天没有戴助听器。不过，我能看懂唇语。"

我一时呆住，刚好林烨在这个时候走了出来，那个女生也看到了他，林烨在目光触及那个女生的瞬间愣在原地，而那个女生却显得毫不意外，淡然地笑笑，说："林烨，好久不见。这个地方……很好。"

"……嗯。"良久，他才如梦初醒，"你终于回来了。"

很多东西都不用猜了吧。听不见的女生，能让林烨失控的人，我像个局外人似的在一旁注视他们的重逢，只能一笑。

只是林烨等了那么多年，却等不来他要的结局。那个女生过了没多久就离开了，走之前，她说："林烨，谢谢你等了我这么多年。今天来……是想向你告别的。我在上海也没能治好病，所以我爸妈，想带我去国外试试……总之，你不要再等我了，好吧？"

林烨没有给她任何的回答，她最后叹了口气，转身出去。我局促不安地站在那儿，不知道能对林烨说些什么安慰的话。只是看起来，他又不需要任何的安慰。照常生活、开店，以后的日子，一直如此。仿佛，她从来都没有来过。有时候我偷偷打量他平静的侧脸，不自觉地想——他究竟是打算一直等那个再也不回来的人，还是听了她的话，把所有过往都抛却，重新活过呢？

## 4 你的过去未来，都与我无关

本来我以为，我和林烨哪怕不能在一起，也能就这样一起安安静静地走下去。他应该不会再和别人在一起……

只是穆梓柔在这个时候，悄悄闯入了林烨的世界，打破了我所有的假想。

她出现得那样不经意，像是一阵突如其来的风。

林烨告诉我，那天早上他去猫空开门，却发现穆梓柔傻坐在店外的长椅上，看到他的时候，微红着脸站起来，却什么都不讲，只是等他开门后也跟着进去。他对这个沉默的女生产生好奇，在她往里走的时候叫了几声，却发现对方没有任何回应地往里走。被人无视得这样彻底，饶是林烨脾气好，也感到不爽，快步追上去，他一个转身停在她面前，把她吓了一跳。

"同学，"他没什么好气，"我刚刚叫了你好几遍。"

女生惊魂未定，轻拍着胸口，听到他的话，眼中露出歉意："对不起……我……我听不见。"

他听到这句话，心上像是被浇了一盆水，整个人一下子冷静了。她的眼睛扑闪扑闪的，而他的心像是被什么东西戳中了，激起一阵阵难以言说的感觉。

林烨讲到这时，被我的惊诧打断："你的人生，真是狗血到了极点。"

"呵……也许吧。"

"所以，"我意味深长地说，"你对那个女生……"

"说不清。只是那时候看着她，她在店里坐了一整天，也是一种直觉，觉得，她是有故事的。"

"好奇吗，"我勾起嘴角打趣，"可人家不一定还会来。"

"没事。有缘的话，自然会再见。"

我听着林烨的话，只觉怅然——我是从什么时候起，对他越来越上心。

穆梓柔真的又一次来了，甚至她并没有让林烨等很久。

而林烨，只用了一杯奶茶和一下午的陪伴，就换到了她的故事——她曾经和一个男生关系很好，好到她以为他们就要在一起。可最后却发现，那个男生是她闺蜜的男朋友。

"大致就是这样。可是，又远比这更让人怜惜。"

林烨这样说，三言两语而已，可我已经能体会到那种痛——暧昧，终成伤。

最后的最后，林烨像是下定了决心，他说："叶颜依，我要追穆梓柔。"

捏紧了手里的杯子，我盯着自己泛白的指尖："你把她当成替代品？"

"怎么可能，她们不一样。我想追她，是因为有个声音很明确地告诉我，我应该保护她。甚至不需要任何理由。"

这样啊……我在心底苦笑，所以之前说的所谓的放不下，都不过如此。只是没遇到让自己心动的人，所以从前的人和事才显得格外难以释怀……

避开他的眼，我装作漫不经心："是这样的话，你就好好把握。"

两个月后，一双俪人出现在我眼前。

林烨要带穆梓柔出去走走，而离开前，他把猫空，暂托给了快大学毕业的我。

## 5 一梦已经年

就这样，一梦又是两三年。

"丁零丁零"风铃响起，抬头，我不由得笑："大老板，你可算回来了。"

"这里还是老样子。"他打量着店里。

"还要等你回来接手呢，哪敢大改。"

"那你，还是老样子吗？"他转过身，略带郑重地问我，我知道他在问什么——他一直都以为，我在等国外的人回来，笑弯了眉眼，我应着："是啊。"

"你比我痴情。"

"哪里的话。没遇到人罢了。"

寒暄了一阵后，林烨离开了。他说他过几天再来店里看看，毕竟好久了，也需要再适应。

凝望他离去的背影，身旁的小丫头突然开口："这就是你跟我讲过的那个人？"

"嗯。"

"他看上去，很不错。"

"当然了。"我竟然有几分得意，"不然我能喜欢这么久吗。"

"那你还让他被一个晚出现的女生抢走，真没用。"

"丫头，有些东西，从一开头就错位了。那时候他讲了他的故事，又反过来问我。你知道，遇到他之前，我没有任何故事。可是那时候的我太笨，只想着和他一起吃晚饭，所以什么都顾不得，就瞎掰出一个故事来……后来，我怕他知道我骗他，也怕他觉得我轻佻，那样轻易就抛却了对一个人的等待，所以什么都没法说……更何况，我曾向他开玩笑，不如我和他在一起算了，可他拒绝得干脆。他总归是不喜欢我的。"

"你还是太胆小。"

"是啊。"擦拭着眼角的几点水珠，我承认，"我是不够勇敢。和他初见前，我朋友就对我说'叶颜依，你要勇敢点儿'，可到最后，哪怕我曾鼓起勇气，骨子里，也还是懦弱。"

只是，林烨，这样独自一人安静地等待不可能回头的你，是我这辈子干过的，最勇敢的事。

# 只道此间年少

南 陌

魏 晗

我叫魏晗,摩羯座的魏晗。

1月15日午夜,我降临到这个世界上。据说历史上的1949年1月15日,天津解放了。而1996年1月15日,我解放了所有守在产房外的我的家人们。后来我又知道了,徐志摩也跟我同一天出生呢!。

因为出生在午夜,我尤其钟爱黑色。黑色总是给我一种温暖而美妙的厚重感。我爱这种感觉。而这种厚重感仿佛能给我无限的精力,让我有大把大把的活力去挥霍,就像河流里流不完的水一样。于是我学会了喝酒、抽烟、打架、泡吧。用好听一点儿的话说叫放荡不羁,但我更喜欢用"不良少年"来称呼我自己。这样才符合我黑色的幽默。因为我天生就不是乖宝宝。我喜欢黑夜里躺在床上,尽量睁大眼睛。暗夜的气息总是那么暧昧,似乎还残留着昨夜未做完的梦。无边无际的黑暗像潮水一样涌上来,一点点覆盖住我的身体,让我有种不可名状的安心。

## 王忆澜

我叫王忆澜，白羊座的王忆澜。

我妈妈说我出生的那天，天气好得让人感叹，天空蓝得好像能滴下眼泪。这些描述让我不知不觉地爱上了白天。白天能带给我无尽的遐想。这种乐趣就像一个普通的早晨一个普通的学生正准备起床上学时被告知一个不普通的消息：今天不用上学！难怪人都爱做白日梦。我喜欢白天里白色的路灯，白色的广告牌，白色的帆布鞋，白色的人行道。白色总是那么醒目但却一点儿都不刺眼，像婴儿的眼神一样清澈。我唯一讨厌的白色就是医院的那种白色。那种没有生命迹象的颜色总是散发着一种消毒药水的味道。就像工业城市排放出的废气一样让人不舒服。但我妈不同，她甚至有种特殊的向往。有时我们在看电视时，她会突然很严肃地对我说："澜澜，你一定要考上医科大学，你一定要当医生！"看着她眼里一闪而过的光，我还是会难过地点头。我知道她是想让我来完成她未完成的梦想，而且我实在是不想让一个为我操了十几年心的女人失望。

## 魏 晗

这个阳光煦暖的三月，学校终于不情不愿地放了假。

"忆澜，这个下午我们出去逛街好不好？我们好久都没一起逛街了。"我给她打电话。"好啊！下午两点，我家楼下等我。"

我喜欢提前五分钟等在她家楼下。因为我希望她一下楼就能一眼看见我。她果然很准时，两点整，我就看见她了。她还是原来的样子，任瀑布般的长发倾泻下来，穿着宽大的蓝色长毛衣和黑色的紧身牛仔裤。"今天我们去哪？"她的笑容像春天绽放的最美的风景。

"中心广场好吗？"我整理了她有些褶皱的衣领。"这种天气你怎么还穿这么少?"

"穿多了很难看的!"

我很开心地笑了,"那正好,难看了就没人要了,只有我要你啦!"

她抬起手佯装要打我。我轻轻抓住她的手,把她纤细而冰冷的手指置于我的掌心。然后我们和世间任何一对小情侣一样,十指相扣,漫步街头。

逛了很久之后,我和她随便找了个甜品店打算进去休息一下。我找到两个空位之后,问她:"想吃些什么?"

她想了好久,最后却说:"你吃什么我就吃什么。嘿嘿!"

"那你坐着等我,我一会儿就回来。"

"嗯,好。"她向我点点头,然后把目光转向窗外的法国梧桐。

"别看了,快吃吧。"我递给她一块巧克力慕斯。

她开始小心翼翼地品尝,生怕把巧克力蹭到衣服和头发上。我看着她的样子,偷偷笑了。不过幸好,她没看到。

"王忆澜,生日快乐!"

"嗯?"她抬起头朝我眨眼睛,没过多久,自己却羞赧地笑了,"我自己都忘了呢!"

"说你傻你还不信。看看你旁边的座位。"

她转过头,一个包装精美的礼物端端正正地躺在那儿。

"打开看看。"我喝了口奶茶。

她轻轻地撕开包装纸,从里面拿出了一本书。当她看到书的作者是弗朗索瓦丝·萨冈时,她像个孩子得到一大块蛋糕一样,把所有的喜悦都写在了脸上。

"谢谢你啊!不过你什么时候放到我旁边的?我刚才明明没有看到任何人啊?"

"你猜出来我就告诉你。"我咧开嘴坏笑。

"我猜出来了还用得着你告诉我啊!"

"我就知道凭你的智商猜不出来！"

"你……"

## 王忆澜

  我喜欢在第一节晚自修下课后等魏晗找我。只有在那短暂又漫长的二十分钟里，他才会收敛所有的目光，集中在我身上。美好的东西总是吸引人的。他就像一块鲜美可口的蛋糕，就算放在柜台里，凭它散发的香气也会自动吸引一堆蚂蚁。每次我们早上一起去食堂时，路上总会有几个不同的女生对他发出意味不明的笑，或者很暧昧地打招呼。他也总是笑嘻嘻地回应她们，和他们说说笑笑。课间我站在走廊上望着对面的他，总会有男生女生和他打打闹闹。有时我多想跑过去把他身边的人都赶走，把他紧紧抱住。或者我想把他嵌在一颗泪里，幻想他会变成琥珀。这样我就能一直把他握在手心。在那一千二百秒里，我能偷偷地拉起他的手漫步在校园的湖畔；能靠在他的肩膀上闻着他的衣服上散发出的淡淡的洗衣粉香味；能安静地看着他精致但不夸张的面容。我常常在想，是不是真的有"永恒"这个东西存在？如果有，我能得到吗？每当这个时候，我才知道自己原来也是个自私的人。应该说人天生都有这种占有欲吧！

  晚上放学后，我和他总是会一起回家。我习惯靠他很近。因为我怕他会在黑暗中突然消失。

  我们习惯从学校附近的一座居民楼后面的街道回家。仲夏的夜晚凉风习习，夜色凉如水，月光洒满了整个地面。我都不敢用力踩地面，怕会踩碎了月光。通常我们走到这里时已经九点四十了，很多居民都已经熄灯睡觉了。我们像往常一样谈论着学校发生的事。突然他问我：

  "忆澜，你说亲别人是一种什么感觉呢？"

  "不知道啊！"

  "那我亲你一下好不好啊？"

"啊？这个……"

他停下来，丝绸般的眼神滑过我的脸庞，微微低下头，没经过我的同意就靠近我的脸颊。我分明感觉到他的睫毛有些颤抖。当他的嘴唇贴上我的脸颊第二秒时，我的一本资料书不小心滑掉了。还不偏不倚砸中了一只睡着的小猫！这只猫顿时就跳上旁边的一个水池上大声抗议。瞪着发光的眼睛，发出阴阳怪气的叫声。这幢楼的灯像多米诺骨牌一样一盏接着一盏亮了。三楼一位极像包租婆的大婶推开窗，"干什么啊！大晚上还让不让人睡觉了啊！"那只猫受了惊，像风一般迅速消失在黑暗里。魏晗迅速捡起书，拉起我的手就跑开了。我不敢抬起头看魏晗。我觉得此刻我的脸一定比今天傍晚的晚霞还要红。长夜无尽，我们就这样奔跑着……

## 魏 晗

忆澜在一班，我在九班。在我的学校，一班是最好的班级，接着是二班、三班……她在最好的班，我在最差的班。而且我们那个班，全部是中考没考上，用其他途径进来的。

第一节晚自修下课后我照常去找她，上午和她吵架了。我从来没见过她发这么大的脾气。我走到她们班时，她们班正在考政治。我就站在窗口上喊："王忆澜，我来找你了！"其他人像机器人一样丝毫不受干扰，继续做试卷。她抬起头看见了我，正要开口说话。"你是哪个班的？到这来干什么？"我身后突然传来沙哑但极富威慑力的声音。我转过头，是一班班主任。姓范，教政治，出了名的严，人送外号"政治范"。"九班的。来找人不行吗？"我抬起头，鄙夷地看着他。他扶了扶眼镜，"哼！九班的来我们这找人？你别来影响他们学习！他们以后可都是要上重点大学的！你是来混日子的，他们可不是！像你这种学生也配来这儿！"他的一字一句像烈火一样灼烧着我的每一寸皮肤。我只感觉脖颈处血管里的血液流动得异常迅速。风躲在树叶间的哂笑声异常刺耳，楼下两棵又高又大的松树此时像极了幸灾乐祸的怪物在张牙舞爪。"魏晗，"我听见她轻声叫我，"你回去吧！以后别来找我了。"她看了我一眼，又迅速地低下头，继续做试卷，语气冰冷而干脆，像一根细小尖锐的针，准确无误地刺中我。让我在战争开始之前就溃不成军。政治范"嘭"的一声把门关上了。"走关系的废物！"他说这句话的时候，字正腔圆，嗓音清亮。我的最后一丝尊严就这样被烧成灰烬。

### 王忆澜

　　上午和魏晗吵架了。我受不了他突然从我身边跑开去和别人搭讪；我受不了他时而冷漠时而热情，我不知道我这样的坚持有什么意义。

　　第一节晚自修下课后他还是来找我了。我不知道他会对我说什么，甚至不想知道他要对我说什么。他就像一位神奇的魔术师，总能给人带来意想不到的表演。只是现在，我已无心观赏了。

　　"王忆澜，我来找你了！"我听见他喊我。我正要开口说话，班主任竟然站在他身后。我只能把注意力集中到试卷上。随后，我听见了班主任对他说的每一句话，每一个字。还有周围同学发出的冷笑声。我偷偷地瞟了他一眼，他像个做错了事的孩子，被所有人指责、嘲笑。我有些微微的心疼。尽管我的脸上表现得波澜不惊。短短的几十秒里，我却想了很多很多。我不知道老师还会说出什么更伤人的话，就站起来轻声对他说："魏晗，你回去吧！以后别来找我了。"那一瞬间，我看到了他晶黑色的瞳仁中散开了如烟花坠落般的苍凉。我不敢多看他一眼，只有低下头，掩藏我心碎的声音。

### 魏 晗

　　那天的第二节晚自修，我逃课了，去了湖边。坐在石凳上，对着星空看了好久，直到星星都眨着眼睛对我说晚安。

那天以后，我再也没去找过她。

那天以后，我照样旷课去上网，去看各科讲课视频；我照样彻夜不眠，拼命写以前落下的功课；我照样上课不听讲，做我自己的资料书；我照样和老师顶嘴，底气十足地指出他讲错了；我照样考试提前交卷，我已经写满了整个卷面；我照样第一节晚自修下课后去湖边，不过现在是我独自一人。

那个学期的期末考试，我考了一个让所有人大跌眼镜的成绩——年级第五！所有人都不信。包括我死党。学校更是夸张地又出了一种试卷让我考。监考老师是"政治范"！当我把最后一科写完时，真想把笔扔到他脸上！但是我没有那么做。我只是做完试卷后，一言不发地走向教室门，摔门而出。上帝果然很公正。那份试卷的结果也好得让人吃惊。但他们还是半信半疑。管他呢！

## 王忆澜

那天以后，我再也没去找过他。

那天以后我再也没有看到他和一群女生嬉笑打闹了。有时候在图书馆会看到他坐在靠窗的位子上认真看书。阳光透过窗户以精妙的角度散射到他轮廓分明的侧脸，像是夕阳中最美的浮雕。他眉宇间的狂妄不羁就这样在不知不觉间消失殆尽了。曾经在书上看到这样一句话：也许一个人要走很多的路，经历过生命中无数突如其来的繁华与苍凉，才会变成熟。我不知道他是否变得成熟，但他一定在成长。成长就是这样，要打碎原来的自己，又塑造出一个新的自己，在无止境的毁灭与重生中循环。

那么，还是要谢谢你陪我度过的时光。谢谢。

# 理科女启示录

郑 娟

有这样一句话用来形容学理科的女生：无论多么淑女的理科女，在做题的时候总会暴露身份的，因为她们习惯性地会把前额的头发全部往后撩。一语中的啊！

想当年，在文理还未分班时，我是一个多么文艺而又充满想象力的姑娘。抱着一本席慕蓉的《七里香》，着一身优雅的白裙，从开得灿烂的夹竹桃下悠悠地漫过，如同三月春风拂过柳叶，温柔而舒适。看而今，姐姐我拎了一袋子的理化生习题集，脑子里还在转悠着十分钟前在课堂上算错的数学题，各种纠结！坐着写作业，想得头疼就开始揪头发，于是高三一年，及耳的短发愣是被我拉成了及肩长发。

高三的最后一个寒假，为了掩饰我理科女的身份，展现出我妩媚浪漫的一面，我剪了俏皮可爱的平刘海儿，长发也被我烫成了梨花头。寒假结束后，我在返校日得到了众多同学的称赞，我想我终于实现了我的愿望——理科女的身，文科女的心。可是很快悲剧就出现了，返校日的第二天学校进行抽考，第一天上午考语文完全没问题，下午的数学成了我的墓碑。大题的第四题怎么想也没有一点儿思绪，于是我完全忘我地开始撩头发，一头柔顺的秀发愣是给我揉成了鸡窝，最惨的是前额的刘海儿全被我翻了上去，然后那道题就被我神奇地解了出来。

抽考第二天，我很有自知之明地把前额的刘海儿用新买的粉色蝴蝶结夹子夹了上去（那个夹子本来打算用来梳公主头的），于是那场理综考试出乎意料地顺利。考试之后我一个人默默地在心里流泪，我那做头发的一百八十块大洋啊！从此以后我明白了一个深刻的道理：身是理科女，内在理科魂。想要逃脱，那是根本不可能的。

　　理科有风险，选择需谨慎。

# 你打江南走过

*刘雨婷*

如果你有一天能看见它，我都不知道你会是什么样的表情，一定又会大呼小叫"写的什么啊……我有那么坏吗！"

## 1

刚刚转学到新班级的时候，老师安排我和你坐在一起。临走时还拍拍你的肩膀，意味深长地回头看了一眼，"要好好照顾新同学！"你一脸"交给我你放心的表情"，对老师挥了挥手。

事实证明，老师的这个决定是个史无前例的错误。

你开始表现得相当腼腆，我也相当腼腆。当然，我不曾了解你的厚颜无耻，你也不曾了解我的辉煌战绩，以至于我们最开始的对话弱智到——

"你在这里吃的还习惯吗？"你问。

"挺好的，谢谢啊。"我答。

"没事，都是同学，有不适应的地方和我说啊！"

我当时心里感动得稀里哗啦，这哥们儿的人品，没话说！以后一定和人家好好处，千万不能欺负人家。

但过了一个星期，我真心为我当时年幼无知的想法捶胸顿足。

## 2

时间久了,你就不是你了。

某天,你领着一哥们儿从我眼前晃来晃去,走过去又返回来,我就想你这小子肯定又要……

果然,你一脸谄媚地对我说,"妞儿,你长得真漂亮。"

我挑了挑眉,里面有诈。

你对旁边的男孩子说,"看!我同桌漂不漂亮?"一副暴发户炫耀小妾的嘴脸。

"漂亮。"那男生窃笑着说。

"这就对了嘛,我就喜欢你这种没见过世面的!"说完揽着你的哥们儿,袅袅离去。

## 3

其实,你除了嬉皮笑脸没皮没脸外加二皮脸之类的,也还算是个积极向上的五好青年,尽管我百般不承认,你确实也算是帅哥一枚。晚上在宿舍,咱们班的好多女生都在讨论你,每到这时我都蔑视她们,"哪里长得好看了,黑煤球似的。"其实你不知道,说那样的话,我的心里是有一点点紧张的,"我对大家那么喜欢的你毫不在意吗?"我偷偷地问自己。

你的成绩那么好,每次我的成绩不是第一名的时候,光荣榜上总是你的名字。有时候看着我们两个的名字安安静静地排在一起,心里总还是有几分窃喜,真想让时光就这么静静地流淌下去。

一天晚自习,我满心欢喜地给你读"你打江南走过,我的容颜如莲花般凋落……我达达的马蹄是个美丽错误,我不是归人,是个过客。"

我期待着你能说点什么来配合当时的情景，你回头不解风情地来了一句，"闲得难受吧你？大晚上的你煽什么情。"

## 4

后来班里组织去爬山，爬到山顶的时候，你看着山坡上的松树，背影落寞。你对我说了困扰了你很久的事，你说你想去学播音主持，你说你很喜欢在舞台上表现自己，你说那是梦想。你说你很害怕，你爸妈老师都反对你，你怕你将来学不出成绩来被所有人耻笑，你怕你从此会被淹没，你对你不确定的未来感到恐慌。

我能感受到你深深的无力和恐惧。

我想了很久，才敢开口对你说，"你知道我们青春最大的好处是什么吗？就是敢于说出梦想这个词。"

我们坐了很久，直到最后你把头埋进臂弯里，哽咽起来。

你是一个男子汉，很要面子的，我故意别过头去，良久，听到你轻轻地说，"谢谢。"

拍照的时候，我们十几个人分散着一级一级散坐在台阶上，你坐在最后面，我看你在那里，刚想过去，转瞬又觉得这样太刻意，便坐在了最前面。

你跑到前面来，略带紧张地看向我，轻轻地牵起我的手，"我旁边才是你的位置。"

我的心狂跳起来。

# 小样儿,那都不是爱

溟希晴

上初一那会儿,我喜欢上一个男生,因为年龄小,不够成熟,竟然暗恋了他两年。

一升初中,学校转来很多新生,锐便是其中一个,他坐在五组最后一张桌子,一个很不起眼的角落,但我还是注意到他。他留着时下流行的短发,刘海儿软软地搭在前额,身材标准,完全符合我当时的审美观。

第一次看见他,他笑得很灿烂,很好看,有一种雨后阳光的感觉,恶俗的小说正在上演,我想这应该就是传说中的一见钟情,因为时不时想起他,经常忍不住去偷偷看他,第一次有这种感觉,是一股甜蜜轻流过心扉。

为了让他注意到我,哪怕只是一眼,我开始努力改变自己,看着镜中的自己,头发不合格,衣服不合格,成绩……也不合格。

总结了几点如下:

## 1 改变发型

"你说他会喜欢我吗?"我扯着闺蜜问道。

闺蜜上上下下仔细地打量了我一番，摸着下巴点头，又是摇头。

放学后，她拉着我跑到发廊，"据情报，当前最流行这种齐眉发。于是，不用一会儿，我原来的斜流海便成了齐眉发，这种改变着实把家人和同学都吓一跳。

## 2 改变穿衣风格

我学着学校里那些很时髦的女生买衣服，衣服买是买了，就是穿不出她们那种酷酷的味道。

既然帅酷这条路线走不了，那我就走可爱路线，他也喜欢呢。可是，要我这么一个颇有男子气概的女孩儿来装可爱，实在是做不出来啊！看那些蝴蝶加粉红心型，说话还是装得嗲声嗲气，啊啊啊啊，受不了！算了算了，我还是保持原状吧。

## 3 上网查资料

就比如"男生比较喜欢什么样的女生""怎样让他喜欢上"等等（虽然我不清楚当时到底是哪来的勇气能打出这些字）。

某次无意间听一男生说："女生认真的时候最漂亮了。"

这话让我眼前一亮，他会不会也这样认为呢？于是，便出现下列这些现象：

我变文静了（平时话挺多），非常认真非常认真地听老师讲解，非常认真非常认真地记笔记，非常认真非常认真地思考种种事情……快看我一下，看我一下呀，我现在很认真哦！

现在觉得那时的自己根本是个白痴，作秀给谁看呢？

后来……

我得知锐有女朋友了，是班里那个很漂亮的女生。

心就像玻璃一般被摔在地上变成一地亮晶晶的碎片，这些日子那么努力，终究是徒劳，我是不是该死心了呢？放弃吧！放弃吧……

NO！NO！NO！我不但没有放弃，还去朋友那里讨到他的QQ，通过网上聊天我与他认识了，不过，要我在学校当面和他说话，我不敢保证脸不红心不跳。

接下来的日子，空白得像一张纸，我与他的关系只是普通的同学，连朋友都谈不上。我喜欢他的事，也一直藏在心底，除了闺蜜，谁也不知道。

或许，他会在我心中淡去，因为这只是好感，单纯的好感。

初二了，在密密麻麻的人群中寻找着那张面孔，可是却找不到，过了一个暑假，却像是一个世纪那么久，心是多么迫切地想要见到他。

听朋友说，他退学了。

我也许再也见不到他了。

心情有些沮丧，随即而来的消息却让我心中那束微光变得愈加耀眼，他已经和他的女朋友分手了！

那天，心情好得不得了，连老师看着都想哭的课本，我却边看边笑。

纸总是包不住火的，某次一女同学看到我写在本子上一整页的锐的名字，我喜欢锐的事便被她知道了，她告诉锐，我喜欢他，美其名："牵红线"。

锐问我为什么喜欢他。

我说喜欢一个人没有为什么。

他问我又喜欢他哪里。

好吧，我语塞……什么，我到底喜欢他的什么？

撇开不说，朋友关系一直维持到初二下半学期，我们之间的关系有了微妙的变化，他对我的称呼变得暧昧，态度也明显好很多。

一个周末的清晨，透过窗户有一缕阳光打在被子上，天气微暖。

他发来一条信息："你还喜欢我吗？"

我："不喜欢了。"

他说："我喜欢你就好了。"

这个和别日无异却很美好的清晨，我闷在被子里偷偷笑了很久。

或许你认为故事讲到这算完了，男主角和女主角都走到一起了，应该剧终了吧，但这可不是单纯的偶像剧啊！

我和锐没法见面，他要工作，我要学习，所以只能用电话联系，仅此而已。

他给我买过一条项链，情侣的，月牙包围着粉色的星星，那颗星，应该就是我吧。

戴着它，锁骨的地方冰凉的，但心里却很温暖。

我总是很小心地保护这条项链，就像在保护这段感情，因为是锐送的，所以不能有半点儿残缺，甚至是一条划痕。

我一直傻傻地认为这段感情可以持续很久（实不相瞒，我还幻想过结婚的场景，噢天哪……）因为和他在一起的这半年里，我们的关系一直很好，直到那次，我上空间看见锐的说说，是对另一个女生的表白，心中掠过一丝不安，但又很快被我对他的信任吞没了，我在心里对自己说：没事的，肯定是他朋友发的。（因为他朋友老上他QQ）我亲口问过他那个女生是谁，他说是同学。

只是同学！

再然后，他真的和我摊牌了，其实他不是一个专一的男孩儿，他一年之中换过二十个以上的女朋友；那条说说是他发的，他上次说的分手也是真话……

我很潇洒，我笑了，同时也哭了，我太傻了，明明感觉不对，却硬叫自己一定要去相信他。

晚上，他跟我坦白，他说："对不起，我骗了你，……我们分手吧。"

我哭了，视线逐渐朦胧，豆大的眼泪不间断地滴在手机屏幕上，模糊上面的字体，但那些话早已刻在我的心中。

我躲在房间里，没有开灯，好久才打出七个字：我祝福你们，再见。然后，我删除了他的QQ，他的手机号码，还有他的相片。

　　我把他送我的那条项链摘下来放在手中，紧紧地，站在江前，犹豫着，最后，把它抛入江底，让它沉没在水中，慢慢地化为灰烬吧。

　　"结束了。"

　　再然后，我的故事真的讲完了。

　　这个一点儿也不刻骨，不铭心，不美好，也没有半点儿酸甜感的故事就是我那个过家家般的初恋。

　　现在的我，当然比那时候成熟得多，回想起那些事，不痛不痒，谁的青春没有萌动？但总有一天你会对自己说一句："小样儿……那都不是爱。"

## 青春的河不会逆流

　　那天中午不算晚的时候,我和佳坐在马路牙子上。我在那么明媚的阳光底下突然就感觉冷了。我伤心。这一直都是我说矫情的话,一个人自顾自地说着自己伤心。可就在这天,心突然就揪了起来。原来佳可以把我的敌人当朋友,原来她可以如此面不改色。我难过。当我看清了终究残酷的现实,我还是没能把心补好,再次笑着看阳光。

# 去看一场春暖花开

陌 忆

## 1 拥抱不了的背影

我梦见莫筱白了。

醒来时,脸上没有泪湿的痕迹,只是左胸口某个地方疼得厉害,以至于把自己都蜷缩成了一团。

没有什么惊天动地的大场面,我只是梦见莫筱白的背影而已,没想到这个背影竟然清晰到让我觉得心口有灼热般的疼痛。

望了一眼床头的闹钟,五点四十分。

再无睡意,翻个身,把被子拉至头顶,又强迫自己闭上眼。昨晚熬夜看书,我可不想在课堂上睡觉又被老师叫起来回答问题,因为现在没有人会碰我的后背说,晓星晓星,世纪金榜第一百零四页拓展题的第九题。

迷迷糊糊不知又睡了多久,似乎梦见了叶晨,依然是高高瘦瘦的样子,微笑起来仿佛明媚了半边天空。我想跑过去对他说句话,只是脑海里浮现的是他那双安静到疏离的眸子。

我蓦地睁开眼,时针已经走到六点十二分了,匆匆穿好校服,到卫生间洗漱。刷牙时,不知从哪里飘来一阵歌声,只是个前奏,在梦里忘记流下的眼泪却在这一刻疯狂从眼眶中涌出。

"因为梦见你离开，我从哭泣中醒来。"

我怔怔看着梳妆镜里的我，那个泪流满面的自己。

## 2 无处安放的回忆

我总是在六点五十分到达学校。刚走到教室门口，就看到叶晨正站在第三组第四排座位的旁边，略低头，一手轻轻抚着桌面，从我站的位置望过去，少年清俊的脸庞柔和安然。

那是莫筱白的座位，那张桌面上有莫筱白用圆规刻下的我和她自创的动漫人头，整整花费了她两节课的时间。

"早。"我说，率先打破沉默。

他回头，脸上柔和的面具未被撤下，他的声音一如既往："早。"

我却突然觉得难过。

那个曾经对我微笑如同阳光般的少年终究只是曾经罢了。他望向我的眼睛，如梦境般，带着我无法靠近的忧伤。

是因为莫筱白吧，叶晨果然是喜欢莫筱白的。

再无言语。叶晨拿着英语书回到他自己的位子，我把书包放下后，抬头正好看到初晨破晓的阳光漫射在他白色的校服上，单薄的背影有不易察觉的黯然。

我不敢再看下去，我怕我会哭，也害怕自己说出那个深埋心底的秘密。

是的，我有一个秘密，是关于莫筱白的。

早上上第二节课时，我又发呆了，眼看老师往我们这组扫描，我小声问同桌："讲到哪儿了？"

"第四题。"同桌眼睛盯着黑板，淡淡说道。

略有些自嘲地一笑，我说过，如果上课发呆没有莫筱白，被老师叫起来回答问题我也是一头雾水，因为没有一个人会提醒得像莫筱白那样详细。

我转头看向后桌，空荡荡的桌椅，桌面上两个相依偎的可爱卡通人物渐渐在我视线里模糊起来。我和莫筱白也曾那样依偎着头同戴一副耳机，同听一首歌。可是回忆仍在，记忆里的人却早已离开。

### 3 我是你的顾晓星，你曾是我的莫筱白

我是在高一下学期见到莫筱白的，那时高二文理分科，我和叶晨还有很多同学一起站在布告栏前看分班的情况。当看到我和叶晨都在同一班时，禁不住扬起嘴角。

"莫筱白？"叶晨喃喃道，随后对我说道，"诶，晓星，你找到你的宠物了？"

我说："小心被她听到，然后狠狠地咬你一口。"

话音刚落，感觉有人轻扯我的衣角，我转头，是个面容清秀的女生，齐肩的碎发，最漂亮的是那双眼睛，犹如小鹿般，清澈透亮。

她小声辩解道："我名字中的'筱'是上下结构的，不是独体字的'小'。还有，我才不是宠物。"说这话时，她颇有气势地瞪了叶晨一眼，叶晨微愣了一下，然后耸耸肩，嘴角的微笑盛满阳光。

未见到莫筱白之前，我一直以为不管时间怎样变化，人物怎样陌生，总在我身边的少年会有一个专属于我的微笑。可是原来，他也可以对别人这样微笑的。

我想，是不是在那时叶晨就喜欢上莫筱白的眼睛，而莫筱白也同样被叶晨的笑容所吸引了？

书上说，这叫一见钟情。

莫筱白是个很好相处的女生，不到一天，便和周围的同学聊得热热闹闹的。她碰碰我的后背说："你是我前桌呀。哈哈，你是顾晓星，我是莫筱白，我们本该就在一起的。有缘，朋友。"最后两个字说得特别给力。

我回头，对她微微一笑，没再说什么。

时间是个伟大的改变者，它能使原本两个熟稔的人背道而驰，也能让两个本来陌生的人紧紧相依。

慢慢熟悉起来，就常常腻在一起了。几个人围在一起，为一道数学题争得面红耳赤，也会因为同解一道难题而欢呼。莫筱白有些粗心大意，一些小小的运算总要出错，有时步骤太多，又不知道哪里算错，叶晨便会拿过她出错的题，一步一步计算给她看，莫筱白就很乖地听他详解，一双小鹿般的眼睛澄净透明。有时叶晨会拍拍她的头对我说道："诶，晓星，你家的小白怎么脑袋这么不灵光呀？"我说："有你不就行了。"叶晨一愣，遂而微笑，满眼宠溺地看向莫筱白。

"也就你能看得出来，莫筱白这个傻瓜。"

"臭叶晨，不准在我家晓星面前说我坏话！"

叶晨有些无奈地给了我个眼色，我笑笑，低头，眼眸蒙上一层水雾。

## 4 站在最接近天堂的地方许愿

"晓星，莫筱白到底去了哪里？"

某个夕阳即落山的傍晚，叶晨站在我书桌旁，问了我这么一个问题。

我当时正在做一道物理题，从叶晨嘴里听到有几个月不曾听到的名字，手里的钢笔停顿几秒，笔墨在暗线簿上形成一个黑乎乎的圆点。

有橙色的光芒爬到教室的某个角落，细小的尘埃在空气中曼妙漂浮着。我听到叶晨说："你知道她去哪里了？"明明是个反问句，到我耳朵里变成了一个无法反驳的肯定句。

"那么，"我抬头，看着少年的眼睛，"为什么我就会知道莫筱白去了哪里？为什么你不去问别人？为什么我在这里要接受你的质问？"只有我清楚，说完这些话后，我握着笔的手有些许的颤抖。

"我问了，可连班主任都说不清楚，她家电话打不通，她也没说要去哪里，可是，"他望着我的眼睛陡然划过一丝哀伤，"可是在离开之前莫筱白对我说，要我和晓星一起完成她最美的梦想，因为那是她无法抵达的远方。"

只一句，在眼眶逗留许久的液体，瞬间打湿了我的脸庞。

我对莫筱白说过我的梦想，我想考去厦门，去鼓浪屿，去听海的声音，去拥抱海风，去看春暖花开，和我最爱的人在最接近天堂的地方许愿。

莫筱白那时还歪着头纳闷问道："最接近天堂的地方？"

"就是海呀！"

"那谁是你最爱的人呀？"莫筱白揶揄道。

我望着她漂亮的眼睛，碰了碰她的额头，说道："秘密。"

莫筱白可爱地鼓起双颊，撒娇般地挽住我的手臂，轻声说道："如果我有机会的话，多希望我是那个人。"

如果有机会？我当时怎么就忽略了这几个字呢？

叶晨看到我泪流满面的脸，顿时有些慌了，他说："晓星，对不起，不该这样问你的，你别哭呀。"

我泪眼朦胧看着少年的脸，直到他的样子在我眼里变得不真切，我揉揉眼，说："叶晨，你会等筱白的吧？"

他双眸有一闪而过的光亮，他说："我一直在等，因为我想她会知道，我一直在等她回来，跟她说，我真的喜欢她。"

## 5 原谅我，让你离开

我是在一个温暖的下午碰到莫筱白的母亲的，只是第一眼看到我，她就拉着我的手说："是晓星对吧？我在筱白的手机里看过你的相片，你和我家筱白关系那么好，能不能帮我劝劝筱白？"

我也是在那天才知道筱白心中隐藏许久的秘密的。我看着她母亲指尖微凉握着我发抖的手,看着她已被岁月刻下痕迹不复年轻的脸有令人心惊的哀痛。我掩下心头将要咆哮而出的不安,递了张面巾纸给她,说:"阿姨,别担心,筱白会和你回去的。"

我抬头望向天空,是一碧万顷顷的湛蓝,莫筱白最喜欢的颜色。

我不知道那天看到筱白的神情是怎样的,只知道她和叶晨一起走来。他们现在常常在一起说说笑笑。叶晨不知说了什么,逗得莫筱白脸色微红。我说:"筱白,我有话对你说。"

刚好有同学来找叶晨去打篮球,他向我摆摆手,又揉揉莫筱白的发顶。

"晓星,"莫筱白像个孩子一样向我跑来,脸上有雀跃的笑容,声音里是掩饰不了的喜悦,"晓星晓星,刚才叶晨对我说……"

"我喜欢叶晨。"

我们站在一棵大树下,有风吹动树梢沙沙作响,阳光漫过树缝柔和地洒在我们身上,土地上遗留着阳光的碎屑。

"我喜欢叶晨。"我说,然后意料之中地看到莫筱白脸上雀跃的表情一点一点冷却。

"晓星,"她默默地低下头,我看不到她的表情,我也看不清,因为泪水已经迅速充盈了我的眼眶,她说,"晓星真的喜欢叶晨吗?"

"嗯,你知道的,我们是一起长大的。"

"哦,对……"她拉住我的手,指尖苍白,她的声音有不易察觉的脆弱,"那么,跟他在一起,你会快乐的,对吧?"

"嗯。"

"那个会和你站在最接近天堂许愿的人,也是叶晨,对吧?"

"……嗯……"我咬了咬下唇。有液体落在我手背上,晶莹剔透,又在空气中迅速汽化。

"那么,"她抬头望着我的眼睛,我看见她那双小鹿一样的眼睛充满悲伤,"那么,你还是我的顾晓星,我也还是你的莫筱白,对吧?"

"莫筱白，"我多希望抬头就能把眼泪倒回眼眶，可是它们还是顺着眼角滑下，我说，"莫筱白，你离开吧，连自己身体都不爱惜的人，不是我的莫筱白。"

我看见莫筱白肆虐的眼泪不断地落在我的手背上，我像被火烫着一样迅速抽回手，然后一言不发离开原地。

走了几步我还是转头望向莫筱白，她背对着我，纤细的背影成为让我日后总在午夜伤悲的影像。

"筱白脑里有一颗'定时炸弹'，医生说要快点儿动手术，明明说好这个学期的，可是有天她突然对我说不想做了，因为她怕失去你们。她说，她舍不得。但是，这不是开玩笑的，哪能说不做就不做了，错过最佳的治疗时间，她该怎么办？"

这是莫筱白的母亲对我说的，突然觉得莫筱白真是个大傻瓜，她怕失去我们，我们舍得让她离开吗？

所以，莫筱白，你走吧，然后，完好无损地给我回来。

## 6 等你陪我去看一场春暖花开

夜晚接到叶晨的电话，他说因为那天莫筱白跑来和他说要好好对晓星之类的话，让他觉得莫名其妙，明明他刚跟她表白，她却让他对另一个女孩儿好，还不回答一句话就离开了，这怎么不让他生气？所以迁怒到了我，他感到很抱歉。

我说："亏我们当了那么多年的朋友，果真重色轻友。"

然后我们在电话里不约而同地笑起来。我说："叶晨，筱白会回来的。"

他静默几秒，慢慢说道："晓星，我不知道为什么你要隐瞒她离开的原因，不过我相信她会回来的。"

其实我没有告诉叶晨，莫筱白离开后有打电话给我，她说："晓星，你别生气，我也是怕你担心才没告诉你。现在我会乖乖治疗，我要健健康康地回去，因为我很想你们。"

而我也没跟筱白说其实叶晨一直很喜欢她，他在等她回来；我也在等她，等她陪我去看春暖花开。还有，我还想对她说，我最想陪我站在最接近天堂的地方许愿的人，一直是她——莫筱白。

筱白，等你回来了，我要给你个大大的熊抱，然后跟你说，你一直都是我的莫筱白。

我等你，陪我去看一场春暖花开。

# 花　海

暖　夏

## 1 静止了　所有的花开

看《爱情公寓》的时候，我把签名改成"我就是好人，好人就是我，张思侗！"下面骂声一片。

从高一开始我就是班里的苦力，无论是新学期搬书还是大扫除值日我都首当其冲，有次我们班长很担忧地看着我，"张思侗，你不能放纵别人欺负你啊。"我笑，"我爱劳动！我爱共青团！"她们何曾真正理解我，我身高一米六六，体重六十二公斤，最可恶的是班里其他女生都瘦得像麻秆，所以男生们有了鲜明对比，都直言不讳地叫我胖胖。我欣然接受。改变不了现实就改变心态，我的人生箴言。

那时候我第三，穆湛天第四，第一次见面不是什么愉快经历。

那是高一头一天，我天生有早到的习惯，要求九点报到，我七点就跑到教室最后一排，细细地啃一根烤肠。吃到一半觉得气氛不对，抬头一看发现走道中央的位置站着一个男生，斜挎着背包，正进退两难地看着我。我满嘴猪油地看他一眼，低下头继续啃。

还好他神经坚韧，自然走到我前面的位置坐下，倒头就睡。

接近9点的时候陆陆续续地来了人，一个男生颠颠走到跟前，踹了一脚前面的桌子,"就知道睡睡睡,祖国人民被你睡得整体活力指数下降啦!"前头的男生才朦胧地抬起头,又被踹了凳子一下,站着的男生喊,"到里面去啦。"

男生才坐下就回头搭讪,"嗨,我叫王川。"

活这么多年还没男生主动跟我搭讪过,我一下子心情变得挺好,"我是张思侗。"

王川拍拍那个又睡死过去的男生,"他是穆湛天……别看他这样啊,学习可好,以前在我们班天天翘课最后还是轻松考上来呢。"

于是开始的日子便这么过,穆湛天整天昏昏欲睡,王川没事就逮着我跟我讲穆湛天,讲他初中那会儿的英勇事迹,怎么从围墙里翻出去上网,怎么见义勇为帮小姑娘拉着她家的拉布拉多犬过马路,都是些无关紧要的事,只是被添油加醋地讲出来,竟在心里积攒了沉甸甸的分量。

白天军训挺累,上晚自习时穆湛天都在睡觉,开学一周多我们基本没交流。直到文艺会演那天晚上,全校在大操场集合。大操场就在教学楼旁边,可被铁丝网挡着,必须绕个大圈才能进去。那时候天早已黑透,只有舞台上花红柳绿的亮堂。我对歌呀舞呀没什么兴趣,就沿着操场后边散步消化,忽听一阵窸窣,抬头看见一个男生从铁丝网那边一阵助跑,三两下翻上铁丝网。他瞧见我,就做了个噤声的手势,然后灵巧利索地跳下铁丝网。很哥们儿义气的拍我肩膀,"承让啊。"然后一溜烟跑进夜色。

开完文艺会演继续回来上自习,王川抱怨,"湛天,怎么没去看文演啊?"

穆湛天耸肩,"我去了。"

王川道,"骗鬼啊,开场后学生会的堵在门口查迟到学生,没见有你。"

我坐在后面说,"他翻铁丝网进去的。"

前面两个人同时惊异地回头看我,穆湛天看我一会儿,一笑,

"哦,是你。"然后又一笑,"……你是?"

王川诧异,"她是张思伺啊,坐在你后头一周多了!"然后转头看我,"别介意啊,他天生迟钝。我们初中有个女的喜欢他三年,他愣是不知道。"我点头。

军训一结束就调座位,王川坐我身后,穆湛天坐王川身后。

## 2 手中的风筝放太快　回不来

日子开始波澜不惊地启程,我开始被人叫胖胖,王川因为回答不上来问题发窘,穆湛天因为上课睡觉被叫到办公室罚站。

新学期事情多,过不几天又要录档案,体检。抽血的时候按学号来,穆湛天站在我后头,还好他记得我——虽然是在凝视我五秒之后十分辛苦地喊出名字来。第五是个美女,但让人觉得开心的是,他对我和美女一视同仁,一点儿不似班里的有些男生,对着漂亮女孩子就客客气气,对我这样的女生就阴阳怪气。

要轮到我抽血时,我紧张地搓手。穆湛天问:"怕疼?"

我勉强地摇头,"突然想起奇形怪状的怪医生……"

到我时,我哆哆嗦嗦地伸出右手无名指,然后不忍心地把头别开,就在针管扎进去的一瞬间我龇牙咧嘴,而穆湛天很会挑时候的在这个刹那凑上来,笑嘻嘻地钻研我一眼。

"怎么了?"我龇牙咧嘴地问。

"你又想到怪医生啦?"他问。

"……这次是……真的很疼!"

之后穆湛天变本加厉,罚站已经奈何不了他,班主任道高一尺,罚他抄《弟子规》,他魔高一丈,别出心裁地倒着抄,两个人成天斗智斗勇。接下来的期中考,他仍旧不温不火地当着第四,班主任也摸着他的性子,便不再逼他,反正才高一,让他疯一阵子何妨,聪明的学生,自己总是有分寸的。

有天来上学,看见王川扶在门口弯着腰笑,一对兔子门牙露在外头,随时有笑晕的可能,看见我便连忙招手,"张思侗快来围观!"一转过教室门就看见穆湛天剪了个十分潮的发型,每一根头发都像刀剑一样直指天空,估计得凌晨就起来抹发胶了。最搞笑的是他一脸不爽地坐在那儿,跷着二郎腿,如果再戴上副墨镜,简直是刚从香港片的片场赶回来的。

王川在旁说:"班主任刚找他谈过,两个人脸色一般臭,哈哈哈,早就说不要让他这么标新立异,他不挨枪弹横扫就不错了……"

穆湛天的这个新发型很拈花惹草,这一天所有的课上老师都忍不住提问穆湛天,英语老师还开玩笑道,是准备去相亲?而穆湛天没有半点儿成为新闻人物的自觉,该睡觉睡觉,该斗智斗勇就斗智斗勇。课间时,王川和穆湛天上厕所回来,从我位上路过,穆湛天突然停下来很认真地问我,"张思侗,你觉得我这个发型如何?"

我吃了一惊,结巴道,"较、较好……"

王川哈哈大笑,"湛天你少得意了,你无论拿什么问张思侗,她只会说较好的,她就不知道什么叫批判人!"穆湛天冲我耸耸肩,拿手撩了撩头发,回位坐了。

我问王川,"他怎么了?"

"哈哈,还不是刚才在路上遇到他初中的同桌,嘲笑他鸡冠头,他同桌在走廊上足足笑了三分钟,可把湛天的脸给丢尽了。"王川一边说着一边又笑起来。

"……没那么好笑吧?"穆湛天在后面闷闷道。

"你别说,你那同桌笑点真是太低了,你看她笑得歇斯底里的样子,要不是教导主任路过,她非得笑到上课不可。"

"木晓蕊就是那个鬼样子,你又不是不知道。"穆湛天道,接着便转了话题,和王川讨论昨晚的球赛,两个人自然而然地投入了新一轮的讨论。

我从书堆里找书,手指从最下层拨到最上层,又走了一个来回,还是没有找到想拿的课本，后来干脆忘了要找哪本书……唉，木晓蕊是个女生吧？

很快见到了传说中的木晓蕊。

晚自习下课时，我抱着课本在教学楼前的广场上慢慢走着，想着等下回去泡个热水澡，把一天的污垢和不愉快通通冲掉。前面走着个女生，正大声地讲着白天的遭遇，即使在黑夜里只能看见一个模糊的人影，也能从她夸张的口气和丰富的肢体动作里感受到她的生机活力。

走近几步，听到她在讲，"妈呀，笑死我了，你没看见我同学剪的那新发型，不知道的还以为是鸡掺的！太心酸了！"同伴低声讲了几句，她又哈哈大笑着回答，"对，就是他！你别看他平时懒懒散散的样子，关键时候鬼精了，上次不是和他一起去给老班长买生日礼物错过了开学的文演嘛，结果他翻墙进去了，我倒被抓了个正着，你没瞧那老师的脸色，以为我吃了他家小孩儿还是怎的，我就是略微对他翻了个几不可见的白眼，结果后来发现是咱语文老师，哎哟，可跟我干上了……"

突然没什么心情了，也许人在累的时候总是很容易产生挫败感，平日里不曾想过的事情在这时候重新翻滚上心头。说什么人人平等，可实际上，为什么这个世界如此的不公平？凭什么有的人生来就长得乖巧可人，可以肆无忌惮地精灵古怪，而有的人却只会在搬书这样的体力活降临之时才会被人想起？

耳机里放着温柔的起音，是周杰伦的《花海》，有时候会翻出些老歌，总喜欢单曲循环，也许觉得它们和自己很像，且不管它们的往日辉煌，起码现在它们是无人问津。

寂静的花开花落，也这样无人问津。风筝拖了线，飞得再也看不见，也无人问津。

## 3 天空仍灿烂 它爱着大海

自习课的时候，穆湛天觉得很无聊，就让王川摆好姿势，说免费给他画肖像。正值班主任出差去了，这几日班里纪律很差，班长也懒得管，干脆戴了耳机听歌，一副天塌了也有体育委员那高个子给撑着的模样。

大家都闹哄哄地聊天，还有人隔着对角线扔纸团，结果扔着扔着扔出了南北分化，两边就纸团的归属问题产生分歧，竟然打起了纸团仗，两边人各守阵营，一时间打得不分你我，还有更过分的撑起了雨伞抵挡密集的纸团攻势。周围太闹，再也学不下去，想回头问王川借他的大耳机，发现他正捏着下巴凝视着穆湛天。

"你们？"我犹豫地问了一声。

王川回头，"啊哈哈，湛天在给我画肖像呀，诶，要不也给你画一张啊！"

我忙摆手，"不要了不要了，我长得又不好看。"

穆湛天从画纸中抬起头，笑了，"谁好看？再说了，这跟好不好看有什么关系？"说着他把画纸举起来，王川被他画成了一个翘着兰花指眉眼如黛的小妞儿，"反正画在纸上都一个样。来来，张思侗，给你画一张。"

我手忙脚乱，"不、不合适吧，我还要……写作业……"

穆湛天已经换了张纸重新画，"不碍事不碍事，我速写的……"

于是我在漫天飞舞的纸团之下，控制着面部表情，努力做出一个"希望看上去很美"的笑容。可这次速写最终没有完成，闻风而来的教导主任怒不可遏，给我们来了个超长版的思想教育会，直到一个看上去还在上幼儿园的小女孩儿站在门口说，"爸爸，妈妈让你回家吃饭。"早已秃顶的教导主任才意犹未尽地来了个高潮迭起的收尾。

全班人哀声连连地爬去吃饭，王川在那儿抱怨着"汤渣都没了"，又怂恿着穆湛天出去吃一顿。穆湛天见我正瞧他，"啊"了一声，"抱歉，你的那张肖像让我当演草纸用了……不好意思啊……"

我忙摆手，"没事儿的，你们快去吃饭吧。"

王川奇怪地看我一眼，"咦？张思侗，你不吃晚饭？"

"英语组说放了学去领一些材料，我先去领。拜拜。"

穆湛天敬了个礼，"同志，辛苦了！"

没想到竟然在英语组碰见木晓蕊，她夹着个肉夹馍冲进来，匆忙道，"不好意思不好意思，竟然忘记了！张老师，还有材料吗？"

管材料的老师笑道："急什么，有的是，慢点跑。"又转头把清单递给我，"把班级写在这里。"

木晓蕊凑上来一看，"啊？七班？你就是张思佣？"

我吃了一惊，"呃……你——"

木晓蕊抢道："穆湛天跟我提过你耶——他初中时候是我同桌——他说你，是个奇怪又有趣的人！"

……诶？那是什么定位？

木晓蕊见我表情变化不定，连忙解释，"穆湛天这个人呢，本身就比较奇怪，其实他这么描述你，就是在夸你啦！还没听他夸过什么人，真是羡慕你啊！"

该羡慕的，应该是我。

鬼使神差的，我竟然对一个陌生人讲心里话，在抱着材料回班级的路上，我对木晓蕊说："真的很羡慕你们这些长得好、又开朗的女生。"

木晓蕊一甩头，"什么话！我听穆湛天说，你们班人可信赖你呢！他给我举了一大堆例子，多得——多得我都忘记有多少了！"

我缩缩肩，"他经常提起我？"

木晓蕊表情凄苦，"对呀，时常拿来做对比，你怎么怎么好，相较之下，我就怎么怎么差。"

我笑出声来，看着前方，尽头的窗户里映着迤逦的彩霞，晚风轻柔地敲打着窗子，"真的，还是头一次听人这么夸我。"

——原来我也可以这么好。

有时候心态真的很左右一个人，那之后看上去很多东西都不一样了，总觉得大家都念着我，都对我笑，好像我真的很重要，不仅搬书需要我，喊号子、抄板书、遇到陌生英语单词又懒得查字典时……还有好多时候，大家都会想到我。

同桌笑着问我，最近你怎么老是笑啊笑个不停？有什么天大的好事情？

天大的好事情？嗯，真的是天大的好事情。

有个人说，我又奇怪又有趣。

突然觉得周杰伦的那首《花海》唱得真好。

——天空仍灿烂，它爱着大海。

**后记**：后来，我和穆湛天……哈哈，什么都没有发生。高二分班，他学理我学文，就没了下文。只是他对木晓蕊给我的评价，对我来说，真的很重要。这是一种承认，让我对自己有了新的定位，让我突然明白，我很重要。

再后来，学业水平测试复习的时候，巧合之下，同桌竟然借了穆湛天的物理课本。她兴趣盎然地从里面抽出一张纸来给我看。

那是一幅画，凌乱的笔锋之中，仍可见得，在漫天飞舞的纸团之中，女生在笑。

那张纸并没有变成演草纸，算是另一件乐事吧。

# After 17

洛几天

## 1

兔子安之所以叫兔子安，是因为她有不太明显的兔唇，以及她姓安。

她不漂亮，不温柔，不特别，只是弹得一手好钢琴。

兔子安第一次遇见苏潜，是在学校附近的面馆，她正埋头吃着热腾腾的牛肉面，苏潜就迈着大步走进来，逆着阳光，在暗号对面的空位坐下。

空气中弥漫着面条辛辣的味道，苏潜在此般空气中坐正、沉默，随即又淡定地对兔子安说："同学，借下你的手机。"

女生先是愣了一下，依旧埋着头，却伸手从包里翻出了手机递给苏潜。

即使，她并不认识她。

然后，苏潜就笑了。

她笑得毫无形象地露出了不止八颗牙，她还说，"呐，同学，作为报答，我请你吃牛肉面吧，七块的牛肉，不要面——"

然后的然后，苏潜舔着冰淇淋说，借手机什么的，都是扯淡，她在做人性大调查——随意找个陌生人借手机，奖励是一碗只有肉的牛肉面。

兔子安是苏潜遇到的第十三个人了，前面的十二位，都将她当成了脑子不好使，或是心怀不轨之人。

所以，苏潜对兔子安说，同学，你真是个好人。

兔子安舔了几口冰淇淋朝她笑，然后说："调查什么的，才是扯淡吧？事实是，你无聊了。"语调淡淡的，有些生硬。

"才没有——"苏潜矢口否认，她吐吐舌又说，"好吧，有那么一点儿。"

再抬起头来时，女生已经先走了，夕阳的余晖将她的影子拖得很长。

苏潜麻木了几秒朝那背影大喊："喂——我叫苏潜，狐狸苏，十七班。"

## 2

第二次见到苏潜，是学生会各部门成员凑在一起策划元旦晚会。

兔子安抬头就看见坐在对面的苏潜正目不转睛地盯着自己，嘴角还勾起了小小的弧度。

她看了看兔子安挂着的校牌，声音很轻，"原来你叫安好，那个钢琴弹得很好的安好。"

这种时候，安好是不是该相呼应地说一句，"原来你就是苏潜，那个唱歌很有穿透力的苏潜。"

安好没有说，她只是微微低头，莞尔。

然后，是苏潜的字条传过来——不如你钢琴伴奏，我唱歌，咱凑合一节目算了。龙飞凤舞的字后，还画着一个睁着眼睛吐着舌的笑脸。

抬头，正对上苏潜干净的眸子。

安好和苏潜住得很近。

同一个小区，同一期住房，同一栋楼。

安好住二楼，苏潜四楼。却从来都没有遇见过。

若不是学生会会议结束得晚，两个人挤上同一班公交，同一站下车，又步调一致地走路。这种事，估计一辈子都不会知道了。

苏潜忽地一拍手，语调都是欢喜的，"原来真是你，我就看着像嘛！"

"啊？"

"上次看见你了，"苏潜"嘿嘿"地笑，"小区门口的超市，你穿着拖鞋出来买酱油。"

这个……可以有。

安好窘迫得一直低头，望着角落，颇有将角落望出洞来的气势。

"你有那么喜欢兔子吗，拖鞋上都是兔子的图案。"苏潜这么说完，又转过头一步一步孩子气地跳上楼梯。

——呐，兔子安，我记住你了。

## 3

安好在收到苏潜的圣诞礼物时，很矫情地说："狐狸，有你真好。"

苏潜抱着安好的礼物，照惯例"嘿嘿"傻笑。

她们刚刚一不小心又默契了一次——两个人给对方买的圣诞礼物约等于相同，都是能暖手的小抱枕一枚。安好送苏潜狐狸图案。苏潜送安好兔子样式，还附加护手霜一瓶，美其名曰：弹钢琴的妹子一定要把手保护得美美的，夏天不能水肿，冬天不能开裂。

这次换安好"嘿嘿"笑了，她又重复了一遍那句话，狐狸，有你真好。

真的很好——苏潜不许她饿着，会拉着她去吃饭；不让她淋雨，会撑着伞走她旁边；安好小文艺了，会站在一旁微笑……

安好曾经问过苏潜，为什么从一开始好像就知道两个人会是朋友，苏潜懒懒地喝着奶茶说不知道，或许是第六感。

错了，那是缘分。安好这么说。

4

安好在周末去逛了儿童乐园，陪苏潜去的。

她们去坐了小孩子喜欢的旋转木马。一圈又一圈，头顶的灯光闪啊闪，梦幻到不行。

她们还去玩了娃娃机，一个爪子，一堆娃娃，投币即玩的那种。苏潜抓了好多只，抱了满怀，然后一路上都送给小朋友。看着孩子们纯粹的笑容，苏潜也笑了，那么干净的笑容。

安好后来才知道，那天是苏潜的生日，满十七岁。

那天很晚，她们一起坐在学校操场上看夕阳落山。暖暖的夕辉，苏潜的臂弯里抱着一只熊娃娃，最后一只。

她说，这是给自己的，十七岁礼物。

她说过了十七岁，就不再是小孩子了，就该变得成熟，变得强大了。

她说："兔子安，你说，祝我生日快乐。"

——生日快乐，狐狸苏，生日快乐！

后来的后来，她们一起在操场一首一首地唱歌。陈绮贞的《After 17》：一步一步走过昨天我的孩子气／孩子气保护我身体／每天每天电视里贩卖新的玩具／我的玩具就是我自己……When I am after 17……

# 天堂花开

争青

2013年4月19日下午接到你的噩耗，有点儿震惊，久久都不能接受。愚人节已经过去了好久，即使是愚人节，这个玩笑也未免开得太大了吧？可这么好的一个老师，怎么会有学生造谣诅咒呢？

第二节政治课我完全没听，老师提问也迷迷糊糊。头脑里全部都是你，又全部都不是你，仿佛一时间你就成为我最熟悉的陌生人。我再怎么思忆，脑海里也拼凑不了一个完整的你，像一张美丽的人物拼图，关键的几块不知掉向何处。心情坏极了，好像一头小怪兽住进我的心里折磨着我。

是的，我们一年多没有见面了。放学后我和小黄一起走，她说她很后悔在你生病的时候没有去看你。我又何尝不是呢？明知没有后悔药一说，却什么也做不了。是自己没有能力去做吗？没有时间去做吗？我用所有的否定回答这些没水平的甚至不是问题的问题。

操场里的夕阳摇晃着矫健身影的你，课后耐心解答数学问题的你，晚自修时对我说有什么问题尽管问的你，喜欢穿漂亮衣服的你……仿佛就在昨天，可是这些个"你"都去了哪里？都将变成回忆封存在我的记忆里了吗？

思绪一片混乱，但还没有被逼到停滞的地步，无助感席卷了我的可抵御范围。

那天晚上，打开网络。不出所料空间上都是关于你的信息。同学们在自责又在悲伤中深思。一条条说说、一篇篇日志突然地击中命脉……

终于所有的疑惑在黑板上的讣告得到强有力的证实。突然有一股黑流涌进我不大的身躯，仿佛我身体里所有的细胞都被它占领。

刚上初中时，有一次我语文考了七十一分，那时视成绩为一切的我完全不顾男孩子的形象在教室里大哭。你安慰我说你之前一个关键考试，语文也考得不好。

我对数学这个科目兴趣很大，老是急着要数学考卷，谢谢上帝让我在数学的世界里遇到了最美的引导者。

看到同学的日志，说你很喜欢高跟鞋。你病了，高跟鞋都变成角落一隅布满尘埃的旧物品了……

那晚，天空滴滴答答地流泪，连老天爷也这么应景，断断续续地哭泣着，像极了情绪化的自己。在阅览室里我试着用我最好的朋友——书籍来暂缓我的悲痛，平复我的心情。我想以乐观——你最想看到的方式继续生活，可是方方正正的铅字在这一刻却勾不起我的一点儿兴趣。

2013年4月21日早上，怀着对你的景仰和悔意参加你的葬礼。遗照上的你是那么年轻，那么漂亮。

还记得有一次你在课堂上感叹说，或许我说这句话的时候，就有很多人死去，也有很多人出生。可一转眼魔鬼怎么就把你抓走了呢？

张小娴在《流浪的面包树》里写过这样的一段话："据说，上帝根本是一个委员会，委员会的意见太多了，常常拖慢了事情的进展。魔鬼独来独往，当他要带一个人走的时候，你或许连告别也来不及。"再次看到这句话时，莫名的酸楚涌上鼻尖，差点儿逼出眼泪。

风儿吹吹，把我的思念吹向另一个国度。老师，在天堂里要好好的。

# 我跟天空说寂寞，星辰让我不孤单

*成寂言*

一直以来都喜欢望着天空，不是因为喜欢蓝色和那单调的白，尽管像很多人说的那样，我是忧郁与悲伤的共存体。

我一个人的世界独唱自己的哀伤与落寞，时间在走，我在加速成长，变老，唯有那一颗空落落的心，一直以永恒不变的姿态悬挂着……

## 1 那段最短暂的永远

我所在的教室在北三楼，从下往上望，离地面很远，离天空很近，近得让人容易产生美好的幻想。从上往下望，离天空太远，离地面很近，而远得能让那个上一秒才凝结而成的幻想毫无保留地破灭。

我把视线移到窗外，定格在天边那重叠的白云上，望了许久，除了眼睛正在微微作疼以外，一种空落落的感觉很习惯地卷上心头，接着麻痹全身。

"纪天晓，纪天晓……"同桌叶纱辰开始剧烈摇晃我托腮的手臂。

"有事？"

"放学后一起去喝热奶茶好吗？"

"不去。"

简单明亮的否决后又开始将精力全部集中，埋头于那一堆数学练习册中，尽管我看不太懂那些疑难杂题，可还是不得已在大脑将它们一道道分解进化……

我用眼角顺势瞟了一眼身旁的叶纱辰，她是很阳光型的女孩儿，活泼、开朗、乐观、自信，总之所有积极情绪都在她身上表现出来了。可夏日炎炎始终跟寒冷冬日不大匹配，就像她说过她喜欢漫天繁星的星夜，而我却向往那寂寞的天空，除了忧伤的蓝以外就是单调的白。天空跟星夜根本不可能同一时间出现的。

记得她刚调到我旁边成为我同桌时，她问我："我们可以成为朋友吗？永远的。"

"不可以。"就像刚才一样我果断回绝她。

或许如果她没有说"永远"二字，我会考虑并答应她。尽管我向来没什么朋友，也不奢望一种叫友谊的东西，毕竟她伤起人来也挺重的。一个问题如果演变成一种保证誓言，那便没有什么真实性了。

任何一句话只要被加上"永远"两字那便是誓言。可时间最容易消逝的，也是誓言，所以我怕极了这两个字。

像妈妈说过要"永远"陪在我身边一样，最后她一样嫁给了别的男人。

像爸爸说过要"永远"照顾我直到他老了，最后他还是娶了别的女人。那段最短暂的永远，伤了我世界的美好，留下一道伤疤赤裸裸地在阳光下，一开始太过于耀眼，过后的冷清会更让人疼。

叶纱辰，为什么你要跟我说"永远"？

## 2 纪天晓跟叶纱辰

我的成绩不算差，可遗憾的是我不是个爱学习的孩子，可却有理由必须看重它，因为除了学习，我不知道我还能做什么，在这个尖子生就是上帝的学校里，我有幸成为一员。

只有文字，我会学着用清晰的笔调不厌其烦地去勾勒一个个没有结局的故事，等墨水一步步密密麻麻占领字面最后什么也放不下的时候，小心翼翼地把它们收藏起来，夹在日记本里。或许就因为这么一个习惯，才让故事有了接下来的发展。

"4月14日，春末夏近了，天还是那么蓝，越喜欢的安静最后演变成一个人的寂寞，是不知道有什么可说，还是不知从何说起，很多年的今天我来到这个世界，在同一世界的人里我不知道如何用另一种语调描绘我心里那个世界。"

叶纱辰小心翼翼地合上日记本，环顾一下四周，放下，让它躲在原来的角落里，仿佛不曾有人动过。

当然，后来这件事还是被我知道了，原因很简单，除了我自己以外，也就只有那张最初填的入学表了，只有上面才填了我的生日。

"给你。"

叶纱辰将一个精致的玻璃瓶子交给我，玻璃瓶的"脖子"绑了一条鲜红的彩带。瓶里装了一颗又一颗幸运星。"什么？"很显然，不了解她这一行为的含义。

"幸运星啊！三百六十五颗幸运星可是我花了将近几小时的时间完成的，你该不会不收吧！这可是专程送你的，不会浪费我的一番苦心吧！"

换作平常我是不会收的，可今天例外，接着又联想到今天放反的那本日记本，叶纱辰是把它放对了位置，可放反了。身为语文课代表的她今早无缘无故请了两节课的假，难道是为了给我折星星？忘了指责她不该乱动我东西，心一软，收下幸运星，末了才想起，该跟她说声"谢谢。"

如果说我和叶纱辰的关系真的有所改善的话，那便是从那个午后，我接过她手中的幸运星开始的，在她说，星空也是个很美的夜景开始。

## 3 我跟星空说寂寞，星辰让我不孤单

叶纱辰是个很好的女孩儿，有时，她会无私的付出还不求回报，在班主任布置一堆作业时还能说出"真是个负责任的老师"。当时周围人不知射出多少白眼跟冷眼。她给我的永远要比我付出的多，或许我还没有付出什么时她就满载载给了我一堆。

于是，我的世界就出现一个叫叶纱辰的女孩儿，她在我的世界留下无限的美好，开始一点点修补那道伤疤……

我向她讲述这么一个故事，离异的父母一个再娶一个再嫁，我的生活剩下一个只跟我相依为命的外婆。

很小的时候，我哭着吵着要爸爸妈妈，外婆哭着安抚我，没有他们，外婆一样会比他们更疼我。长大后，外婆骂他们不该丢下我，我说外婆，没有他们，我一样照顾你到老。

叶纱辰没有我想象中的哭着对我说，"天晓，你要坚强。"眼里流露出一种难以言明的异样，就像冬天里风吹过湖面那荡起的涟漪，分不清是为风皱眉，还是为湖。她只是说："没有了谁，你还有我，永远。"又是永远，叶纱辰，真的永远吗？但愿真的永远。

后来的后来，叶纱辰才告诉我，她也是单亲家庭的孩子，有一天，爸爸提着行李摔门而出，扬言以后再也不会回来了，妈妈抱着她跌坐在门槛边上就这么看着他离去。后来她问妈妈："爸爸什么时候回来？"

妈妈恨恨地说："不回来了，他不回来了，我照样可以养你。"叶纱辰跟纪天晓都不知道父母为什么会离异，可他们各自走后留的破裂的伤痛却一直由他们的孩子承受着，可怜的眼光也好，同情的目光也罢，就这么一直承受着。

我问叶纱辰："为什么你总是喜欢说永远？"明明有些事无法永远。

"因为爸爸没有给妈妈永远。所以他离开了我们。"

所以叶纱辰给了她妈妈,她想要给关爱的人永远,尽管她知道有些事情不是说永远就永远,可她还是为了永远两字努力着。或许可以因为这两个字改变一个故事不完美的结局,最起码可以留点值得永远回忆的东西。

而她的积极乐观、快乐一开始是为了妈妈,后来发现快乐可以成为很多人的快乐,也成为我的快乐。

我跟叶纱辰说天空,叶纱辰跟我说星空。

我跟天空说寂寞,星辰让我不孤单。

# 柯鹏希，就是个祸害

橘 子

俗话说祸害遗千年，用在柯鹏希身上再好不过。在我眼里，他就是个祸害。

## 邻家有才子，名曰柯鹏希

从我记事起，大人们谈论的就是那个学习很好的柯鹏希。小学念得好，初中在一中，高中也在一中。现在距离他考上福医大已经一年有余，热爱运动，一表人才，我只有干瞪眼的份儿……

客观来说：这种学习好，长得高，带点儿小帅的男子不多见。

主观来说：这就是祸害，不折不扣的祸害！

## 青春打马而过，橘子落花成伤

不得不说，虽然很少和那个祸害聊天，但我的青春注定毁在此人手中，人生三大转折，皆因他而起。

转折一：小学被迫转学，美其名曰城里受教育好，鹏希就是告别四年的伙伴背上"见利忘义"的罪名的。我来到了那个据说可以成才的学校，度过了无聊的两年。

转折二：保送某校却不让去，美其名曰学校不够好。鹏希在一中念，硬是把我从某校拉到另一学校，开始了悲剧的初中之旅。

转折三：回归某校仍不安心，美其名曰一定要上本一，像鹏希一样。兜兜转转高中回到了初中本要保送的学校，自以为天下太平，不料此祸害仍在作怪……

## 十年之前我不认识你，十年之后我不是你

Eason的《十年》被改编成这样，实在是无话可说了。

从我小学一年级到高一，鹏希这祸害能安然无恙到现在，只能说我比较能忍，或者说我比较"淑女"。

"鹏希今年暑假也快回来了，不会的题去问他哦……"橘子妈念叨。

"你要是能有鹏希三分之二就好了……"橘子爹叹气道。

"我们家鹏希从小就是个人才，要不是高二太松懈……"鹏希爸说。

"橘子也是很有潜力的，一定可以和鹏希一样……"鹏希妈说。

柯鹏希！十年之前我不认识你，十年之后我不是你，你为什么频繁出现在我的世界，总是以一个圣神的身份出现，讨厌！

在我眼中，有你这个邻家阿哥是挺光荣的；但在所有人眼中，有你当邻居我就是个倒霉蛋。

## 柯鹏希，未来是我自己的

柯鹏希，你去了那个我曾因手术待过的冰冷的医科大学。

柯鹏希，你很棒，你可以在高二成绩下降时高三突飞猛进。

柯鹏希，未来是我自己的，我会自己闯出一片天，你且看着。

谢谢你给的动力，谢谢生活中有你这个祸害。

# 青春的河不会逆流

小 鱼

中午的太阳好大好大的，我就站在去年8月1日十三时我们买柠檬汁的马路对面，隔着人群车辆我清晰地看见我们贪凉地躲在那棵老槐树下，看着过往的人群匆匆的步伐和脸上麻木的表情，你昂首挺胸，食指独立地直指我们头上的天空："有梦想不会追啊！我要做中国动漫业的NO.1！"此语一出，有那么多的人带着不同的表情看着你，但你面不改色，脸上的傲气比你的姿势还要拉风。我的视线突然开始变模糊，看不清我的反应。好像我是笑了，笑你声嘶力竭地喊出前一句给我加油打气。好像我是哭了，哭你伤痕累累地只冲着你后一句话的方向向前爬。风一下子就吹过去了，那些一下子就不见了。我抬起头，看着你指过的那片天空，找着你傲气凌空的痕迹。

我从小认定的是：有福同享，有难同当。

你知道吗？今天中午我和佳出校门的时候遇见王麟均和吴璇了。如果现在你还在我身边的话，你可能会说："哦，就那个王麟均啊！你特讨厌的那个，他还敢来光明正大地找你啊？你当时是不是要跟他拼命啊？"可是现在我要回答你："没有，我没有。" 我还要告诉你，他们不是来找我的，是来找佳的……

如果你听见这些，会不会一针见血地说："所以你没有生气发作？你啊，就是这样，不知所措的时候就会找一大堆理由骗自己。"当我意识到这些的时候，才感觉到，我又在想你了。

佳总是这样，让我弄不清她到底讨不讨厌这些正在欺负她的人，明明那些人做了那么过分的事情，她却还能保持笑容。我只能呆呆地看着佳陌生的侧脸，想着我和她是有多久没见，一定是太久没见了，我对她才陌生到这种地步。一定是，一定是。

可明明不是。

你一定又会说我骗人的功夫绝对不是盖的了，将来等你当作家了一定弄个编剧给我，骗骗全世界的小不点儿——世界是美好的，正义是必胜的，人心都向善，和平终实现，每个人都是主角，都有自己的小宇宙，怎么不会消失，骗他们相信爱与希望。可我现在不行了，连自己都骗不过。

那天中午不算晚的时候，我和佳坐在马路牙子上。我在那么明媚的阳光底下突然就感觉冷了。我伤心。这一直都是我说矫情的话，一个人自顾自地说着自己伤心。可就在这天，心突然就揪了起来。原来佳可以把我的敌人当朋友，原来她可以如此面不改色。我难过。当我看清了终究残酷的现实，我还是没能把心补好，再次笑着看阳光。

我在大街上走着，在马路边坐着，有时突然会觉自己孤孤单单，无依无靠。有时突然想起小四的文章，他从不直接说我孤独啊我寂寞，相反，他总是说，我身边有很爱我的朋友，他们支撑着我之类的表达，字里行间甚至有一种抱怨自己的感觉——你明明拥有这么多，可为什么还觉得寂寞？可我想起他说的黑色的风，想起他句子与句子之间落下的不被认同的独特，我就觉得他是寂寞的，寂寞得甚至不需要理由。我也要写我寂寞，可我没有小四那么有才，所以我只能这么直白地说。可就算我都已经这么直白了，你还是不懂我的寂寞。

在光里悲伤。

听到了这句话，就想象出画面来。

我说："温暖的阳光落在少年身上，还有好多光束打到周围的地上，但这少年却低着头，色彩融合完毕后，少年的发际和上衣都有一层灰色的感觉。"说完我觉得心里阴暗的角落蠢蠢欲动。

你说："温暖的阳光落在少年身上，还有好多的光束打到周围的地上，但这少年昂着头，头发散落在肩上，脸的轮廓要淡一些有光的感觉，然后……"我正看着你，"可以有一滴泪，流下来。"我突然有了一种明亮的感觉。然后你说："佐左，你就是这样，明明就那么悲伤了还要故作坚强，不想被任何人看到。"过了好久，你才缓缓地低声说："那只会更加悲伤，甚至还蒙上了委屈。"你看，我多么不像话，在离开你一百二十五天后的某一刻突然想起你，想起你嘴角上扬的弧度，想起你说话的声音，想起你的长发，想起关于你的一切的美好。想起你爱恨分明，想起你温和细腻，想起你血性正义，想起你好看的眉眼，想起你。

你看我多不像话，明明是我一走不回头，不再理你，不给你音讯，说着以后再也不会想起你。现在，我站在我的时间里，花掉它们来想你。想念不可抑制地涌上来。但我一点儿也不后悔，因为我都知道，从某年某月某天某时某刻某分某秒开始：我在我的世界咆哮，在我的世界号啕，在我的世界遍体鳞伤，在我的世界歇斯底里，在我的世界黯然神伤，甚至在我的世界里想你，就全都变成了和你无关的事。因为我都知道，我从来不允许自己后悔。因为我都知道，青春的河从来就不会逆流。

# 绷 住

乔 叶

她说："要绷住。"

高兴的时候，要绷住。不绷，怕别人说你得意，说你轻浮，说你炫耀。还有更可怕的——你的喜悦很可能会让别人不快。因此，必须克制、控制，或者说节制。必须。幸福是一种香味。瓶塞不紧，香气就会溜走。开得口大，溜得快些。开得口小，溜得慢些。只要你开了口，哪怕再小，这香味也会减弱。因此，要绷住，要尽力把它密封好。

不幸的时候，也要绷住。对别人说又有什么用呢？谁会真正地同情你？心疼你？怜悯你？谁会与你真正地休戚与共？表面浅薄的安慰下，你怎么能肯定他没有在与你不幸的对比中欣慰着自己的幸福？即所谓的幸灾乐祸。不幸是一种秘密。一说就会扩散，人人尽知，从而将不幸扩大。因此，要绷住，不要泄露，不要倾诉，不要告诉任何人。

平常的日子呢？不喜不悲，在幸与不幸之间，更要绷住。因为没有什么可说的。平常的日子，就是坚持。

绷住的本质，就是坚持。

生而为人，人生在世，只要不是疯傻，都需要绷。有的绷功强些，有的绷功弱些。相比之下，似乎还是绷功弱的人多些。谁愿意总是压着自己或端着自己？谁不想快意恩仇，性情江湖？于是，总会在某时某刻失态于众，原形毕露。

确实不是什么人都能绷住且能绷得好的。绷得好的人，永远是一副秋水无波的平静神情。——是的，就是秋水，不是春水。春水是有温度的。"春江水暖鸭先知。"而秋水，它不暖，也不凉。它几乎是没有情绪的水。绷功强的人，就是这样，他们的神情没有温度，永远是喜怒不形于色。无疑，这需要一副强韧的神经和一颗弹性极好的心灵。

我问："那你一般什么时候才绷不住呢？"

她答："一个人的时候。"

我问："绷不住的时候是什么样？"

她答："对着镜子笑，捂住脸哭。"

我问："那，你今天有没有绷住呢？"

她笑了："也想绷，可是没绷好。"

我也笑了。多么好的回答。与其说她是在解释自己此时的状况，不如说这是对我们友情的别致赞美。——能让你绷功减弱的人，能让你松弛相对的人，应该就是值得你信任和依托的亲切的人。

但在我们同频率的笑容中，我分明看见了这广大人世中无边无际的孤独……

# 浅靛的海洋绿

王冰燕

我喜欢那个比浅海洋绿还浅的浅靛色。果比说这是shinee的应援色，叫"珠光湖水"色，但我一直以为它叫"浅海洋绿"，一直喜欢。

直到某糖给我寄了一堆笔和衣服后，我才知道，真正的浅海洋绿比我的海洋浓郁，就像其他溢声军和我对左溢的喜欢程度。她们是那抹灿烂如广阔大海的海洋绿，比我深比我远比我浓郁。比如拉子。

拉子是个执着的孩子，也是个叛逆的少年。她用一年的时间认识喜欢左溢。爱的时候比自称"疯癫"的我还疯狂。暑假时甚至拉着我去找小学那个很看重我的语文老师，让她帮忙去福州签售会；知道了左溢公司的地址，两个傻孩子顶着四十度的大太阳骑自行车去两三公里外的邮局给左溢寄信；为了和我一起买到亲笔签名的专辑四处找人帮忙，平时强势的她愣是一口一个姐姐地叫人家，光是我们一个礼拜的信息量就能多达五百条。

7月18日福州签售会那天下午因为不能去而哭了一下午，肿着泛红的核桃眼看了一下午少进，用掉很多流量。

听说左溢签售会时被王梓晨打了手，心疼得不行。在我浑浑噩噩搞不清楚事情的起因经过结果时她已经把我面前的西瓜当作王梓晨切得一地血红。

看见我买的写真和海报就走不开了，一见到我就谈左溢怎样怎样……因为我的写真被八年级一个不懂事的溢声军弄坏气愤地直奔人家宿舍讨说法，硬是让人家赔了一本。

那天早上九点多我去她家找她，站在那个小小的院子外大喊："拉子！拉子！"是她妹妹来开的门。在院子里坐等片刻，她才揉着惺忪的睡眼走向我，二话不说，直接捶了一下我的肩："我梦到左溢了，刚要告白，就被你吵醒了！"她一脸愤恨，我茫然，然后惊叹，果然是春天到了吗？

拉子真的很喜欢左溢。一听到有关左溢的消息就激动得不行，以至于我觉得我是不是根本不喜欢左溢啊？她为了左溢努力学习烂得要命的英语；为了左溢缠着她妈妈让她学吉他，只因欧弟曾经说过的那句："他的声音漂亮到音乐都算干扰，他的声音只适合一把吉他。"

拉子吃着焦糖布丁，突然冒出一句："考猫我们中考后的暑假去打工吧！"

"嗯？怎么会想到打工？"我正在恶补我曾错过的少进笑得前俯后仰。

"然后用打工赚的钱去旅游。"

"去上海？"

"对，去市二中，去徐汇，去所有左溢去过的地方！"望着拉子闪着星辰的眸，我毫不犹疑地相信，如果真的到了徐汇，她一定会凭着直觉和厚如长城的脸皮（问路吗……）找到左溢的家，然后以她的执着一定可以的，可以吓着左溢的。

她的喜欢从一开始就是化不开，晕不了的浓郁海洋绿。相比之下我的只是浅浅淡淡的一抹。可是，就像一支画笔上厚彩的色彩，纯白纸上的流光溢彩终会成为点点飞白。从拉子第一次说《咆哮》的演唱者很帅的时候，我就知道有些东西正在改变。从左溢的海洋绿到鹿晗最爱的绿，只差了两个字，也只差了四个月。当拉子跟我欢天喜地地说："考猫，我妈说只要我中考考好就答应我任何愿望，我要去韩国啊！"这时我明白那抹海洋绿终于越淡越浅，直到消失不见。

期中考过后是照例的家长会。因为那滑落的成绩，还因为签售会的事情和妈妈大吵了一架，气得妈妈一把一把抹眼泪。爸爸说："你能放弃追星吗？"我抬头看天空，少有的干净，点点繁星却总让我想起左溢那首《Firefly》。"不能的话，我要请你们班主任来解决！"爸爸的话突然变得不可商量的严厉。"好。"我轻轻回答。我不怕班主任，班主任知道我们班好多人追星，他不反对。但我不想麻烦他，这毕竟是家事。"好。"轻轻的一个字被吹散在风中。从小到大，第一次撒谎呐。爸爸满意地笑了，我也笑了，连满天繁星都笑了，很像左溢带着笑意的清澈眸子。我知道，以后的路会很难走。

我跟拉子说："我阵亡了，你一定要坚守阵地啊！"拉子拍拍我的肩，一脸凝重："孩子，走好啊！"我笑了，可我的笑下一秒就凝固了。因为拉子说："我会代你实现追星之大愿，EXO，我来了！"拉子去洗澡，我在玩她的手机，惊讶地发现，她的头像、微博关注空间日志说说，只剩EXO，仿佛RTA，仿佛左溢，从未存在过。是真的忘了当初疯狂执着纯粹的喜欢了吗？

RTA解散了，这成了许多彩虹糖不再关注左溢，关注RTA的借口。我不懂她们，我以为够透彻的，可我连拉子都不懂。12月7日我才知道解散的消息。伤心地跑到拉子家，强忍着泪来到拉子面前，我等着拉子告诉我。没有，可她没有："考猫，你怎么了？"然后我号啕大哭，孩子一般，不，我就是个孩子。不仅因为解散，还因为拉子。喜欢一个人，难道不应该是一辈子吗？

再与我无关了，再也不会和拉子争辩哪个是海洋绿，哪个是珠光湖水。她无所谓，因为不在意。不在意那个人就不会再去在意有关他的一切。我也不在意。我不在意浓郁不浓郁，就像我的喜欢，细水流长，像这浅靛色，不声张不张扬。如今已是第四年，不管未来路有多难，有多少变故，抑或是抵达之后有多美，我只想陪少年走好青春的每一步，陪他进化，陪他成长。

贴吧里没有我的身影，微博无新浪，腾讯也是千万年不发一条，不能在左溢刷微博时及时转播评论吐槽；官方群因为我从不在群里聊天而删我；签售会没去过，演唱会没去过，所有有关左溢的节目都在看重播，因为上了初中就被禁网寄宿的地下追星党很无奈，学校还不让带手机！看，我是个合格的学生，遵纪的学生；我是个合格的女儿，听话的女儿；我是个合格的女孩儿，乖巧的女孩儿，可我不是个合格的粉丝，就像合格的浅靛色是不合格的海洋绿，她有海洋的味道却不及海洋的深远。

但这无所谓，不是吗？只要还有人知道她存在不就够了吗？只要还有人肯定她也是一抹海洋绿，哪怕不合格，不也够了吗？我不计较我喜欢的是不是少年的海洋绿，我喜欢的是少年，和时光里那一抹浅浅淡淡独自流淌永不停息的浅靛，一如我乖巧的青春唯一一抹叛逆的浅靛，我的海洋绿。

前方的道路已铺开，美丽的鲜花带着刺，你还要不要来摘，有了爱就有伤害，你还要不要来爱？几乎所有人都在反对，但我却谨记那一句：让我飞，飞向光，飞向所爱，带着热爱，带着热爱。

突然，好想只在时光里静静喜欢，静静地为那片虽名绿实蓝的一片大海绘一抹并不深沉并不合格的海洋绿，只在时光里，静静不合格。时光不老，此画不断。

## 超市优惠正当时

翁翁不倒

晚上和我妈去了一趟超市，那天超市新开张，折扣满天飞。

进去时我们踩着小碎步高贵而优雅，出来时我们满头大汗累成狗。

你或许已经听说过中国大妈这种神奇的生物，她们出得厅堂下得厨房，跳得了《最炫民族风》，讲得了大道理，她们能文能武巾帼不让须眉，她们就是人见人爱花见花开的中国大妈。

你总能在一些地方看到这些神级人物，比如——菜市场，再比如——过节打折的超市里……

我们进去时里面已经被大妈们包围了，各种正在打折的货架前被包围得严严实实，只剩下一条允许通过一只脚的通道，我们只得像螃蟹一样挤进去。

鉴于人实在太多，我和我妈约定好各自去挑最后再会合，就这样愉快地决定好之后，我们就散了。

我在零食区精心挑选了一些物质食粮后就心满意足地开始瞎逛，根据宣传单上的信息，此刻在我北偏东三十度的方向，大妈们正在抢纸巾。据一位大妈的肺腑之言，今天的纸巾一提要比平常便宜三元，于是她带了一家老少来抢。

这其中并没有看到我妈，我暗赞，娘亲大人的气度果然与他人不同!

而在我北偏西四十五度方向，另一群大妈正在抢盐。

根据宣传单第二页的信息，平时一袋盐售价1.5元，今天特价才卖1.3元，便宜了两角钱。

看看眼前，大妈们眼明手快地从货架上扫着盐，其中不乏被人弄翻在地包装已经破损的盐，撒了一地。

一位大妈推着购物车从眼前经过，所过之处留下了一条绵长雪白的火药导火线。

我四处张望仍是没有发现我妈的身影，心里对我妈的赞许更上一层，好棒！

沿着货架走了几圈，其间我看到一位大妈拎着包菜一只脚踩在桌子上和打价员讨价还价，看到超市经理用生命在维持秩序，不由得默默向他鞠了一躬。

我找到我妈的时候，她正推着购物车在买米，看看车里装了……五六提纸巾……七八袋盐……

我无语地走过去，她献宝般自豪地说："速度很快是不是？哈哈我昨天研究了一整天的宣传单，已经研究出一条最佳路线，只等今晚哈哈！"

"您为什么要买那么多盐啊？！"

她低头委屈了一会儿，开始启动自我安慰模式："我本来不打算买的，但后来略微想了一想，觉得早买晚买反正迟早要买的，于是就买了！"

我这才想起我妈的根本属性：中国大妈。

其实就算超市很挤，扫货的时候仍是一种精神上的享受，而结账，就真真是一种肉体上的折磨了。

十米多长的队伍真是让人望穿秋水啊！

我妈把我和一堆东西往队伍里一塞，自己乐呵呵地就冲出重重人流去和另一个阿姨会合，打算边嗑瓜子边等我。

你问我她为什么会有瓜子？

这当然也在她的计划之中。她自带瓜子就为等这一刻！

我已无力吐槽，推着车随着人流慢吞吞往前挪动，心里顿时响起一首应景的歌儿，"啊黄啊黄鹂儿不要笑，等我爬上它就成熟了……"

出了门口，我把东西一股脑扔给我妈，过了一会儿听我妈在后头喊着号子，引得路人驻足，她却视若未睹自顾自埋头扛着东西。

我终于忍不住大步退回去，接过她手中东西，"娘亲您就别喊了行不行啊？我拿！我拿还不成嘛！"

我悲愤地扛着东西跟在她后面，听见她在前面笑着，"这也在我的计划之中！哈哈！"

## 青果散落莫悲伤

  周末的时候，在阳光明媚的下午喝杯奶茶，坐在长椅上看书，阳光柔柔地洒在我们的身上，有淡黄色的光晕，宁静、美好。我有时看完一节抬起头来看啦啦，她柔顺的头发散在肩上，眼睛半眯着，像一只慵懒的猫。

  那时候我经常会想：如果时间永远停在这一刻，该有多好。

# 猥琐君偷拍记

花 拾

南方的春天来得特别早，日历刚翻过二月迎来三月，外头就已经是风过操场遍地草了。就在一个阳光微暖、温度刚好、花儿睡了鸟儿也入眠的下午，我本着抓紧时间睡个十分钟好迎接美大婶两节英语课的心，趴在课桌上昏昏欲睡，这时坐在我后面的树姐非常激动地呼唤我。

我转过头看着她手舞足蹈地拿着手机让我看那一张张唯美的背影。是的，背影。这家伙有色心没色胆，敢跟踪敢埋伏敢偷拍，却只拍到美银师弟那清瘦的背影，一看到他那张颠倒众生的脸就控制不住，杵在原地拽衣角抽风。

"小三我跟你说，美银他今天穿了件牛仔外套，里面是黑色的低领薄衫，扣子没扣好，解了三颗，好风骚……"

"噗……风骚？这词能用在男生身上吗？"

"销魂……"

"别说了，再说我要想入非非了。"鼻血快喷了。"放学去蹲点，姐今天帮你拍他的正脸。"谁让我也是花痴呢，师弟又长得那么倾国倾城。

旁边一睡觉的妹子被我俩诡异的笑声惊醒后惊悚地看着我们，"你们这两个猥琐的人，也不怕吓着人家小师弟。"

嘿嘿，猥琐就猥琐吧！偷拍任务任谁也阻挡不了。

随着美大婶一声"class is over"（下课），我和树姐以极快的速度收拾好书包跑到第一个据点——打水区。

据我们这两个资深花痴多月观察，美人师弟放学踏出高一教学楼后会经过教师宿舍楼右转下台阶过食堂再走过打水区去单车棚取车，所以混在打水的人群中偷拍绝对不会被发现。就算被发现也可以指着旁边的木棉树说："这木棉花开得真艳……"

可是我们等了十分钟也不见我们心心念念的小师弟……

"他不会直接沿着校道去车棚了吧？你也说过他被我们吓到后改变路线了。"树姐踮起脚尖朝着远处的车棚望啊望，也不想想她那双近视眼又不戴眼镜能望出什么来。

于是计划变动，我们穿过篮球场来到第二个据点——单车棚。

此步计划有风险，车棚无遮无挡，偷拍必被抓。更要命的是，学校把外宿生的车棚设在校门边男生宿舍前，这个时间段又是洗澡的大好时间，那些男生进进出出总是盯着我们看，老脸都丢尽了。

"那些男生居然在跳绳！"树姐和好几个同学挥别后百无聊赖地把目光转移到男生宿舍前一撮正在跳绳的男生身上。

十五分钟后……

"树姐，他还来不来啊？"

"大概，已经，回家了吧。"

"不会吧！"仰天长叹一声，打道回府。

等等，走了一半我突然停下来。前面那个刚从食堂门口经过走到打水区的红鞋白裤蓝上衣的美少年是哪位？

"树姐，目标出现了，手机快掏出来！"我激动地抓着树姐的手晃啊晃，反应迟钝的树姐还四处张望，口中念着"哪呢哪呢？"

我心不跳脸不红手不抖，极淡定地拿着手机站在垃圾堆旁对着正前方四十米处迎面走来的三个人。真没见过有我这种明目张胆偷拍的，但顾不了那么多了，我跟躲在我背后扯我校服的树姐说："木棉花好红啊！我拍的是木棉花。"然后，咔嚓。

走近了走近了，我还保持原先的姿势，却紧张得不敢看前面，只盯着手机。"美人"身边两只"苍蝇"已经自动走开了，屏幕上只剩下他一个人低着头有点儿闪躲。好时机啊！咔嚓，又是一张！

然后，没有然后了，他从我们身边避疯子般快步经过。

他刚走开树姐就从我手上抢走手机，"怎么变黑了？他那凝脂般的肌肤看不出来呀！"

"知足吧！能有这样已经不错了。"我拿过手机。

"咳！我光顾着拍照都不敢看他的脸，明天一定去食堂二楼吃饭，到时看个够，给补回来！"

美人师弟，剩下这一年多的时间，该拍该看该勾搭的，姐一定不会放过。

# 纯风景，上学记

橘 子

### 幼儿·走路

依稀记得家中比较穷，爸妈很忙，他们说是为了让我过好的生活。幼儿园上学，第一年老爹用脚踏车载我去上学，路上的我总是手拿一个绿豆包在咬着。接下来的三年都是自己走路，从店子头儿走到溪白幼儿园，途中最怕的就是公鸡，每次都被追着跑，许是运气好，从没被啄到。偶尔一两次会碰见老爹的朋友，两眼瞬间泪汪汪的，就免费搭了顺风车。（怎么搭上的车是听老爹说的，我一直不相信自己那么没出息，老爹苦于没有证据，也就放弃了说服我那是事实。）

### 小学·三轮车

一批年龄大小不一的孩子们在一辆机动三轮车内（这种车现已濒临灭绝，因为不合法）嘻嘻哈哈地就到了学校，日复一日，年复一年。已上五年级的我和燕子突然想去坐公交车。于是，冒险开始了，瞒着爸妈去坐公交车，偶尔会抄小路回家，其乐融融。直到某天早上被亲爱的老妈看见，逮回去坐三轮，当时成了一段"佳话"。真没有想到俺那么早就是叛逆少年了。

## 初中·宿舍三部曲

起床曲——

在生管的威严下，迫于她的大嗓门恋恋不舍地从暖和的被窝里爬出来，双眼迷茫地走到洗漱的地方闭着眼睛开始刷牙。

吃饭曲——

"大姐，两个馒头一杯豆浆。"我大声地喊。

"小弟，刷卡。"那位大婶冷冷地回答着（为什么是大婶呢，因为她男女不分……）

迟到曲——

晨读时偷偷摸摸地来到教室后门，正打算潜入，虎妞（俺初中班主任）的声音悠悠地传来："又迟到了是吧？卫生委员给她罚扫一礼拜。"接着我一脸悲剧地站在走廊念书，心里各种滋味，恨呐。

## 高中·缤纷

打第一次被旺旺（我家狗狗）追随来到校门口时，我就火了一阵子（学校不让宠物进去）。连羚羊同学看见我都会说："你家那只白色的狗狗呢……"直到把我气得脸红一块白一块青一块时，欠抽地大笑而去。

此后我一直啊绕远路，甩掉旺旺，美食计、母狗计，都没有用，最后还是跑为上策，成功甩掉旺旺。

有时会碰见同桌叶子，她会停下车，推着自行车和我一起优哉游哉地步行，聊东聊西的。

有时会和班主任一起走进教室，途中除了寂寞还有尴尬。你能想象一个数学老师和一个数学很差的偏科生一起去教室,那学生的心理压力有多么大吗?安静还是好一点儿吧,最怕老师开口说最近念得怎样。真是恨不得找个洞钻进去不可。

End

以此铭记从幼儿园到高一上学期的美好时光。

# 青果散落莫悲伤

晞 微

## 1

给我打电话的时候，啦啦正在厦门。隔着话筒，我还是能感受到她此时的样子。她一定穿着最喜欢的衣服，站在海滩上，任由海水打湿她的裤脚。她把帆布鞋脱了拎在手上，微眯着眼睛抬头看明媚的太阳，她兴奋地对电话这头的我说："微微，你听！"

话筒里传来海浪的声音，似乎夹杂着一丝咸腥味，啦啦说："微微，我现在觉得我是世界上最幸福的人了。"

我微笑，啦啦，你幸福就好。

## 2

初一的时候我和啦啦刚从小学转向初中这个小世界，每天一起上学、回家。周末的时候，在阳光明媚的下午喝杯奶茶，坐在长椅上看书，阳光柔柔地洒在我们的身上，有淡黄色的光晕，宁静、美好。我有时看完一节抬起头来看啦啦，她柔顺的头发散在肩上，眼睛半眯着，像一只慵懒的猫。

那时候我经常会想：如果时间永远停在这一刻，该有多好。

## 3

到了初三上学期，啦啦开始用大把的时间发呆，她把头发染成酒红色，做了梨花烫，周末也不再和我一起看书。长椅上，只有我一个人孤孤单单看着书。在一次和小沫出去买奶茶的时候，我在大街上看到她，她站在那里，和隔壁班的程子星十指相扣。小沫在我耳边说："诶，微微，啦啦在和隔壁班的程子星谈恋爱呢，那个程子星啊，他可不是好学生呐！"我看着街对面的啦啦，面无表情地转过身。

不，这不是我的啦啦，我的啦啦是很明媚的样子，不应是这样的女生。

## 4

初三下学期，啦啦和程子星分手了。她把头发染回黑色，每天坐在座位上听歌，有时候下课，我往她的座位上望去，她微侧着头看窗外，阳光洒在她的身上、MP5上，在墙上形成一个小小光斑。有时她坐在窗台上看着外面的太阳，一直看着，一直睁着眼，直到眼泪掉下来。

那年六月，她在空间里写："我已经回不去了啊！"

中考前夕，她把卷子从抽屉里拿出来，一张张铺好，把皱了的地方抚平，一张一张放在桌子上。晚自习的时候，她把书堆得很高，开始做那些卷子。做了一会儿，她抱着那一叠卷子跑出了教室。我跟在她身后，看她跑到楼下长椅边，一张一张地烧那些卷子。火光照亮了她的脸，她蹲在那里哭，眼泪一滴滴掉在火中，蒸发成水汽。

我递给她纸巾，她抬起头看着我，突然抱着我说："我怎么办啊，微微，我都不会做啊！我的中考怎么办啊？考不上高中我的人生怎么办呀？"我说不出话来，只能轻轻拍着她的背，为她擦干眼泪。

啦啦，你要知道，很多人，很多事，错过了，就再也回不来了。

## 5

中考那一天，我登上了去考场的车，却没有看到啦啦。但随着考试的到来，我也就没有在意。

等到考完，我急急地找啦啦，同学们都说她没来，我才慌了神。

我从学校跑到她家里，开门的是她妈妈，她抹着眼泪说："啦啦已经四天没回来了。"我发疯似的找啦啦，学校、奶茶店、公园，却一直也没找到。

晚上回家，登录QQ，啦啦的头像在忽闪忽闪："微微，不必找我了。"我急忙打了一行字："你在哪儿？"啦啦说："厦门。"顿了顿，她继续说，"你放心，我和我妈妈打了电话了。我这样的成绩是考不上高中的，今天的一切是我的任性亲手造成的，我一定要混出个样子来再回去。我已经找到一份工作了，我在这里做导游，我会用自己的努力让自己幸福的。"

## 6

现在的啦啦已经过得很好很好，每个星期她都会给我打电话说说自己的状况。后来我在她的空间看到她最新上传的照片，她披着亚麻色的卷发对着镜头微笑着，风轻云淡，褪去了当年的叛逆和焦躁，变得成熟、勇敢。

现在我每天都能想象到啦啦的样子，她的笑，她浅浅的梨涡，她站在海边的样子，宁静又美好。

现在我还能想起在那个晚上，啦啦和我翘课去看《蓝色大门》，她轻轻地念着台词：虽然，我闭着眼睛也看不到我自己，但是我可以看见你。

# 重口青年欢乐多

菌小纸

对于身边坐着一群知无不言的同学的我来说，终极乐趣就看着残酷的现实折磨这帮无忧无虑的娃。

话说那天上完上午四节主课后我就祈祷着：苍天啊，保佑今天千万不要吃番茄炒蛋，千万别有啊。结果，诚心还是没能打动铁石心肠的老天。打开油腻腻的饭盒，那堆油汪汪的褐黄色与青红色交织的块状混合物非常不合时宜地让我悲愤了。

我满腔愤慨地回到座位，没错，咱是挑剔的人，这种东西是无论如何入不了咱的法眼。草草吃了几口饭，便将这盒充满我无尽咒怨的食堂菜放入铁箱中。食堂的大神啊，能不能给点儿有营养的？好歹咱也是准初三党。

午休开始，值周班长干干在讲台上声嘶力竭地喊"安静！"但咱班还是很没自知地喧闹着。"余同学，谁让你讲话的？"干干暴喝。

余同学一脸委屈地瞪向梅姐："他问我身高，说要帮我做衣服。"

"是做婚纱。"梅姐一脸严肃地纠正。

这时，一嘴之贱则无敌的仁兄幽幽地飘出一句："还婚纱，棺材差不多。"

"你说什么？我跟你拼了！"余同学相当愤怒。而一旁正接着小桶吃葡萄的小田同志发话了："你有完没完？"

"没完。"话毕，他特憋屈地唱起那首"考试什么的都去死吧"，引来八方白眼，效果奇佳。而讲台上的干干似乎已默认一切，奋笔疾书中。

等等，为何这跑调的歌声中会掺杂着呻吟声？转头，便瞅见斜后桌的小奏子正躺在桌上哼哼唧唧："哎哟哟，痛死我了。"

"你怎么了？"对于这位担任零食来源的同学，我还是很关心的。

"他肚子疼。"小奏子的同桌哥斯拉特体贴地替他回答。

"你数学课上不是去过WC了吗？"我表示很无奈。

"这典型的任督二脉没打通。"陈午饭嘎嘣咬了一口苹果说。

"才不是。"哥斯拉回了一句，转而安慰小奏子："你别担心大不了再多跑几趟WC。"要不要这么郑重其事地蛊惑人心啊？"噗哈哈……"一阵猥琐的笑声从左边传来。嗯，是盛小花同学在一旁乐不可支。"小妹妹，你很吵诶。"我毫不留情地白了他一眼。"我可是纯爷们。"

"可你那娇羞的笑声出卖了你哦。"

"你……"

"病人需要静养！"罪魁祸首的哥斯拉那天不知怎的似乎充满母性的光辉，义正词严地批评了我俩。"陈兄，"小奏子有气无力地呼唤陈午饭，"这包泡椒竹笋给你了。"而这边正狂啃苹果的陈午饭则是以光速接过这包油光泛青的食物，亢奋得不行。

于是，在众人的注目下，陈午饭特激动地撕拉开包装袋。就像吃蒜香青豆一般，淡定地将竹笋倒入嘴中。不过，他忽略了一点的小细节。那就是，有一颗小泡椒也滑入他嘴中。而目击这一切的我始终笑眯眯地一言不发。吼吼，谁让姐信奉的是"损己很利人"这句话呢。既然陈午饭的"损己"计划已在不知不觉中开始，那饱眼福的当然是我们这群观众喽。"不怎么辣嘛。"虽然陈午饭的额头上已经布满细密的汗珠，但还是异常坚强地嘴硬道。这都不算什么，接下来的一刹那，我们才见证了奇迹。

陈午饭的圆脸似是打了鸡血，脸上的小肥肉剧烈颤抖，然后，华丽丽地泪奔了。"谁有水啊！"干号着摸出水瓶，以三十秒每瓶的速度灌下，而后余同学的矿泉水也拿去充公。我慢吞吞地掏出餐巾纸，正色道："你的泪腺受到了刺激。我给你开了一包餐巾纸，用完后记得付钱哦。"他毫不怜惜地抓起一把餐巾纸往脸上抹。吼吼，这彪悍的反应让我心花怒放，泡椒的威力不容小觑。话说其实陈午饭还漏掉一个小细节，就是今早他特得意地带了两瓶冰红茶，上午喝了一瓶，咳咳，还有一瓶，貌似被他遗忘了。嘿，人家怎么可能把这种无关紧要的小细节告诉快渴死的陈午饭呢？

"剩下的泡椒给我吃吧。"盛小花同学，勇气可嘉呀。他颤巍巍地挤出半颗泡椒，嚼下。"你会后悔的！"喘着粗气的陈午饭还不忘讽刺道。但他是对的，盛小花后悔了，看小花同学黝黑的脸居然涨红了。我的天，黑红色真是一种奇妙的颜色！再看盛小花一个哆嗦，那包泡椒，那包祸害人间的泡椒终于拜倒在小花的石榴裤下。

"咦，我怎么还有一瓶冰红茶？！"陈午饭义愤填膺的模样笑死我了。

感谢幸灾乐祸这个伟大的词语准确描述了那种快乐建立在他人痛苦之上的奇特感觉。

不过，作为一个好孩子，我还是决定安慰一下同桌。

"陈午饭。"

"嗯？"啃苹果中。

本打算安慰他的话却变成："咦，你怎么还在吃苹果？"

"这是昨天的。"

"哦……"还是安慰一下吧。"你长得真漂亮。"

鄙视的眼神光临了我："大哥，请说我帅，好不？"

"陈午饭小朋友，皮又痒了是吧，男女都分不清了是吧？"

"本大仙每天都有洗澡，怎么可能皮痒？"

"好吧。我决定,为了锻炼你做一个好孩子,再也不借你抄答案了。"

"……诶?!"

扑通一声,苹果掉了,啊哈,再次笑死我了。

"骗你的。"好吧,我又大发慈悲了。

"……你赔本大仙苹果。折成现金就行,一百块就够了。"

"你先去阎王那儿报到,我再托牛头马面汇给你。"

"……"

谨以此文纪念我还算欢乐的初二。

# 年少时候的，我们可以拥有爱情吗

阮 瓷

最近一直在循环宋冬野的《董小姐》，他木头质感的嗓音，让我一不小心就想到一场邂逅，想到河岸边摇摇晃晃的水灯笼，和如墨夜色里氤氲而上的烟雾。

这首歌太过动人，当然我并不否认是我的恋声癖为宋冬野加了分，但更多的是那种与爱情撞个满怀的感觉打动了我。

这种感觉像什么呢，大概是像曾经有一天，我在十字路口遇见一个骑摩托车的男孩儿，阳光能融化掉有着大白兔奶糖味道的冰淇淋。他戴一副墨镜，下巴的弧度坚硬而柔软，像太阳的神祇一样光明。就像那一刻心脏跳动的声音，像擦肩而过后仍然在记忆里挥之不去的痕迹。

我看过一篇文章叫《当我爱上路边女孩儿时我在想什么》，但我并不认为这就是爱情。爱太深了，我们的心还小，触不到它。相比于"爱"我更喜欢"喜欢"这个词。无论什么样的感情都可以用"喜欢"来诠释。爱需要太多太多的白发，喜欢只是一刹那的心动，一秒钟的花开。

我喜欢夏夏，因为她和我很像，她随时能让我笑到肚子疼；我喜欢小动物，因为它们有温暖的皮毛湿漉漉的大眼睛；我喜欢天蓝色的裙子，因为天蓝色很美而裙子可以让我变得更美；我还喜欢那么多那么多的男孩子，喜欢他们的理由也许只是篮球打得很棒，可以把一首歌唱得直抵心扉，抑或是某一天某一节体育课的一次回头，他的笑容点亮了我的眼睛。

我写了这么多的我喜欢，你明白我的意思吗？有一句话这样说：喜欢一首歌是因为它的旋律，喜欢一件衣服是因为它的款式，但只有喜欢一个人是不需要理由的。

我曾经把它奉为真理，现在却突然明白，喜欢，像一座灯火璀璨的大楼，总归要一个稳固的地基去支撑它。没有一种喜欢没有理由。只有爱着什么的时候，是说不出来话的。像爸爸爱妈妈，像每一个人爱着他的国家。

家长们总把早恋视为洪水猛兽中的哥斯拉，我猜我妈如果知道我喜欢过而且还喜欢着这么多男生的时候怕是要白眼一翻直接昏倒。他们会一遍又一遍地向你说教那个男孩儿有多么不值得爱，你现在的年纪有多么不该浪费在爱情上。当你试图和家长们解释"喜欢"与"爱"的区别时，他们有限的脑内存是铁定无法接受的。

可是什么样的喜欢是对的，什么样的喜欢是错的？因为种子被种在了错误的季节，就注定没有机会发芽，没有机会看看这世界的美丽了吗？

我一直都相信月老的存在，这世上所有的他和她都早早地用红线拴住了。我这一生也许会遇见很多男孩儿，但总会受红线的牵引去找到那个他。也许会有很多男孩儿的美好瞬间值得喜欢，但只有一个人受得住我那一句"我爱你"的重量。

在他穿越时光的神话抵达我面前之前，我也许还会喜欢很多人。别骂我，只是像林宥嘉唱的那样，"这么年轻，我还有这么多时间，不去喜欢谁，多不对。"

可是只有我的心足够强大了，才会去说爱吧。

# 一颗针尖上的心

李茂霖

十多年前，暗暗的老房间里，摆着一台老缝纫机。

真的好老好老，已是数不清它木台上深深的皱纹了，只是隐约记得木台上总放着一个针线铁盒。盒中也总有几根银白色的小绣花针，闪闪的，像欲落的雨滴，亦像凝固的冰锥。

那时的我，不过是个三四岁的孩童，父母得上班，于是白日便去外婆家待着。那时，总是听到老缝纫机吱吱唧唧的歌声，就像外婆的童谣般动听，温馨。

五六岁左右，我长大了些，倒也时常去外婆家。那时候，老房间的缝纫机已是不在，也许是被卖掉了吧，只剩下原来大大的针线铁盒，里面仍安睡着几根小针。

有一日去看望外婆，见到外婆正在阳台用针细细地缝着衣服，我幼稚地问她："外婆，为什么你总是用这几根针啊？都用得快发黄了呀！"外婆边缝着边应我："嘿，这几根针呀，用了好多年月了，舍不得扔了。它们也倒好用，你瞧它们的针孔，要比其他的针大些呢！这样才好穿针，才可以给你缝漂亮衣裳呢！"说完便把针亮给我看。哦，果真孔要大些呢！一会儿，外婆又继续忙乎着，阳光从窗外扑进来，扑到外婆的小木椅上，扑到外婆的针上，扑到外婆的脸颊上，画面显得格外温暖。

如今，十年后了，我已是个少年了。再到外婆家去，大铁盒也被换成了一个小针线包，以前盒子里的碎花布也不知溜到哪儿去了，唯独那几根小绣花针，依然在那儿，只是泛黄了，从前的光泽也被时间消磨了。

我又问外婆为何还存着那几根银针。

外婆说她的眼睛没原来好使了，那几根针的针孔大，好穿线。我又想到了前几日，外婆眯着眼，用线穿针始终穿不过，最后把线在嘴里抿了抿才穿过的场景，心中不觉多了几分颤动。

外婆是老了，不再像十年前那样精神了，虽去过理发店染过头发，可浓黑的染发剂也不能完全掩住岁月在外婆头发上留下的白痕。

平日里在家中，我的，外公的，表弟的……衣服裤子有时难免会有"伤痕"。那时，年老的外婆总会取出有岁月痕迹的银针，细细地、慢慢地把那些伤痕缝补好。

外婆的一生，在亲情中绽放。外婆没读过什么书，只识几个字，但她的爱却不比书中的文字少。她对家人的爱，如针尖上一针一线缝着衣服般，那么深沉，那么认真。

我不知道十年之后，外婆的绣花针是否还可以缝补我的衣物，是否还可以缝补我心中的伤口。但每当我穿上外婆缝补的衣服或是看到小表弟身上的小衣服时，我就一定会记起那一针一线的爱，记起身上那丝丝缕缕牵挂着的一颗针尖上的心。

# 云中谁寄锦书来

邵猫猫

一个蒙尘的铁盒子。

我拿纸擦去那一层厚厚的灰尘，露出盒子的本来面目。盒子通体是铜制的，盖子上用油彩画着繁复的花朵，老旧的上个年代的那种款式，写着"××饼干"的字样。

我小心翼翼打开盒盖，猝不及防地闻到里面浓重的岁月的味道。我知道我要掉进一个故事里了，或许它是个爱情故事。突然间心跳加速，那种向往和渴望让我的手心沁出了汗珠。像是打开了一个时光闸门，这实在是太过神圣的一件事了。

里面是一打厚厚的信。

陈旧的信封、泛黄的纸张，都变得薄脆，像夹在课本里很久的落叶，一不小心就会碎掉。上面的字迹有些已经看不清楚了，那些蓝黑的墨水痕迹，都被时光氤氲开成一朵朵花。

这是两个人往来的信件。两个年轻的、相爱的人，在没有手机没有网络的年代，用最纯粹的方式传递着彼此间的细密心思和情谊。

我虔诚地打开其中一封信，那些附着在上面的细微的尘埃都在阳光里奋力地向四周翻飞，仿佛在庆贺什么一样欢快的样子。他们的称呼是去掉姓，直接以名这样的小暧昧小温馨的方式写出，最后用同样的方式署上自己的名字。说些日常的琐事、学习的烦恼、微小的美好和对彼此的思念、对未来的畅想。从上学到工作，这些年华都封存在这样一封封信纸里，以安静而热烈的姿态。

他的字迹飘逸，透着性格里的不羁和对世界满腔的热忱。她的字迹清秀整齐，却不失倔强。

在其中夹杂几张照片。她扎着两个粗粗的麻花辫，垂在胸前，面对镜头露出青涩的微笑，眼里闪着光芒，身材瘦瘦小小，仿佛风一来就会被吹倒。他戴着很大的茶色眼镜，穿着干净朴素，站得挺拔如一棵白杨，意气风发。他们的脸上洋溢着快乐和单纯，那是青春的、没有纹路的脸，岁月在那个时候多么优待他们。

他们是我的爸爸和妈妈。

这个盒子里，装的是他们的青春回忆，纯真的年华、清澈的岁月，还有最初的爱情。

是爱情，鸿雁传递的爱情。

如果不是因为想找一本书来这里翻箱倒柜，我根本不会发现这份爱情。

我盘腿坐在冰凉的地板上，窗外有阳光洒进来。我抱着这个盒子，感觉着那两颗滚烫的心。我被他们的爱情感动了，不知何时眼泪爬满了脸庞。

这时妈妈进来了，看到我拿的什么后慌忙抢过来，责怪我怎么可以乱动他们的东西。她竟然是慌张的、羞涩的。

我突然意识到我犯了一个多大的错误，那些是属于他们两个人的独家记忆，而我竟然惊动了它们。它们应该被静静安放、好好保存，被爸妈永恒地回忆着啊。

而现在岁月早已悄悄爬上了她的脸颊、他的头发，他们不再是青春的模样。爸爸少了以前的尖锐和热血，被生活磨平了棱角，不再愤世嫉俗空想主义，而是一个需要养家糊口努力工作的男人。妈妈多了一份更年期女人的聒噪和烦恼，她从前那么爱美，喜欢一切精致的小玩意儿，像发卡项链指甲油，还有漂亮的裙子，她像一朵玫瑰一样盛开着。

这样的爸妈，他们的爱情曾经那样美丽地盛开过，无论时间多么残忍地在他们脸上割出深深浅浅的痕，抑或压弯他们的背，爱情都不会消失。就像那首歌里唱的：因为爱情，怎么会有沧桑，所以我们都是年轻的模样。

　　我亲爱的爸爸妈妈，原谅我偷看了你们的爱情，可它们是多么令我动容。

　　爱情就是两个人相爱，一直相爱。并肩看过花开花落，携手走过这落寞的人间。

　　就像你们。

　　云中谁寄锦书来？雁字回时，月满西楼。

# 永不，永不，说再见

王佳月

三年前那个露珠清澈的早晨，我们推开班级的门，相视一笑。

彼时的我们，懵懂青涩，就像那个夏天班级外面未熟的海棠果实。

还记得初一的军训，我们顶着炎炎烈日，站军姿、踢正步。老师说，我们是一个集体，荣辱与共。于是，我们都抛下小姐少爷的娇气，竭尽全力为集体争光。

班长说，做，就要做到最好。

寒假实践的时候，我们集体登上了开往上海的火车。那是很多人第一次离开家，我们笑着闹着，让想家的情绪尽力淹没在笑声里。那时的我们，每天都吃泡面，小L说，后来一见到泡面就想吐，我笑笑，那还为国家省粮食了呢。在东方绿舟的训练真的很累，可是那么充实。

似乎初二就在七月的一场大雨过后悠然到来。

不会忘记那一年。

我们一起去孤儿学校慰问，陪他们唱唱跳跳；一起在街头焦急叫卖报纸，不顾天气寒冷，只为给小群博筹集做手术的钱……

这是我们的独家记忆，你我永远不会忘记，是吗？

初三以后，最多的记忆就是铺天盖地的卷子、习题，还有那一次又一次你追我赶的分数。几乎每一节课下课，讲台边都挤满了人，有的问问题,有的听别人问问题,甚至连午休时间也会有人静静地坐在教室里学习。

时而我们会因为马上要考数学大练习而焦躁,时而我们会因为某次考试成绩不理想而难过,时而我们也会因为大家的鼓励而信心百倍……

时间打马而过,未曾来得及一一追忆,就已走到了初三的尽头。

转眼,我们毕业了。

典礼上来不及说过多伤感的话语,我的眼泪就"唰"地滑落。

那么多快乐、悲伤、抑或是抱怨,竟都是此般珍贵的记忆。而这回忆,那么甜,那么难忘……

肖老师送大家出校园的时候,我和霏抱着哭成了一团,再抬起头,大家已经走远……

我们几乎走遍了整个校园,到了每一个我们常去的、有特殊记忆的地方。只是,泪一直在流。

四楼的办公室啊,这一年来我不知踏进门槛多少次,不知询问过多少问题,不知亲手查过多少张卷子,不知帮老师上过多少次成绩……我多希望现在还能再问隋老师一道题,问姜老师一次成绩,问肖老师一句今晚可以自习到几点,问乔老师一次今天作业是什么,问刘老师一次它们能发生反应吗……

班级的门钥匙还藏在班牌里,就那样安静的,好像在等待我们再一次抚摸它、用它打开这间充满回忆的屋子。班里的味道好熟悉,这是我们生活了一年的地方,那些读书声、嬉闹声仿佛还都在……

四楼卫生间旁边的楼梯,不知这一学期走了几遭,每次走上这个楼梯都是为了去那个人很少的卫生间上厕所。而那个卫生间里,有我们打电话订餐的痕迹。今天我又一次透过这个卫生间的窗户看篮球场、足球场,却再也找不到那些熟悉的身影……

在A座四楼的楼梯口,我们四个人再一次唱响十四班的班歌,那首专属于我们的歌。我们不在乎能否记得清歌词、不在乎是否跑调、更不在乎别人怎么看我们，我想这是最后一次以本校学生的身份在学校里唱出这首令十四班每个人都骄傲的班歌了吧……

顺着楼头的楼梯往上走了半层，那里是我和霏躲起来吃包子的地方，是我和彤彤边发短信边聊天的地方，是这学期开学肖老师给班里排在年级前四百的同学开会的地方。

坐在小小的窗台上，如果现在是晚上，或是有了你们，就跟那时候一样了。

相信很多年后，我们仍旧能牵着手坐上这小小的窗台，看操场上班级男孩子在球场上飒爽英姿的身影，霏唱起我们最爱的歌，我相信我们从未走远，连同整个夏天……

# 月 读 情 怀

李亚男

　　家乡的月总是那样皎白，轻轻柔柔地洒下一派清辉，和着点点繁星闪闪，伴着徐徐微风拂来。我便会欣然在这花前月下与书交友。

　　在幽寂的夜中，在安宁的小村庄里，院内竹影斑斑，一盏放着微光的白炽灯挂在树梢。奶奶在树下借着灯下的黄晕编织着竹篮，我迎着月光坐在麦秸堆旁享受着父亲从城里寄来的水月般的唐诗，任凭思绪在诗的天地里飘飞：领略着枫桥的钟声，体味着荷塘的清韵，抑或纵马江湖任逍遥。

　　后来在爷爷的收音机里知道了水泊梁山的故事。可听说书总不如自己看过瘾。几天后竟得知了邻居家的二毛有这本书，欣喜若狂下，我拿那本水月的唐诗来交换，终于得到了那只有上册而无下册的《水浒传》。泛黄的书页，破烂的纸张，但对我来说已是莫大的欣慰了。奶奶是不准我看闲书的，她总认为那是无用的书，无论我如何请求，换来的总是她的那句"好好学，父母不易，休看闲书"。但这话语于我只是浮云，《水浒传》依旧如磁石般吸引着我。

　　又是一个月明风清的夜晚，刚收割的小麦散发着清新的香气，庭下积水空明，水中藻荇交横。我小心翼翼地拿着已被我包装好的《水浒传》，胆战心惊地坐在麦秸堆旁贪婪地读着。月光温情地抚摸着我，轻轻地照在书页上，奶奶银白的发丝在月光的照射下更加慈祥了。看见我如此用功，她会心地笑了。夜深了，有朗月的相伴，有蛐蛐的低吟，又有"宝贝"的相依，我毫无倦意，但只得随奶奶收工了。无奈地把那本心爱的《水浒传》偷偷地藏在麦秸堆下，这个秘密只有月光知道。夜不能寐，我辗转反侧，最终还是披衣坐起来，回想着武松打虎的豪情，感觉好生痛快。第二天鸡尚未鸣，我便起了床，月光依然静静地流泻，我捧起心爱的《水浒传》，开始了我的读书旅程。

后来，奶奶翻弄麦秸来晒，发现了我的小秘密，我遭到了奶奶的训斥，书也自然被奶奶还给了二毛。奶奶让我站在月光下反思，我却沐浴在月光中，在脑海中又重温了一遍智取生辰纲的故事，丝毫没有反思的念想。

第二年夏天，有幸看瓜棚。一轮朗月像一朵白梨花绽放在深蓝色的夜空中，星光璀璨，叶底青蛙三两声，面对此番美景，我独自一人捧着偷买的《三侠五义》，细细品读，真是惬意极了，欣喜极了。

后来我被父母接到了城里念书。车水马龙，霓虹闪烁，在繁华的都市里，在书如烟海的乐土中，我像一块尽力汲取水分的海绵，如饥似渴地阅读着每一本书籍，与书结下了割舍不掉的情谊。

此刻，月光又轻轻柔柔地洒进了我的窗内，投在了书桌上，映在我手中的书上。此时此景，让我不禁想起了小时候在麦秸堆旁偷偷看《水浒传》的情形。那么，就趁现在这月朗风清的夜晚，还是让我携着书，徜徉在公园的小径上吧。